COURS THÉORIQUE ET PRATIQUE

DE

MUSIQUE VOCALE

A L'USAGE DES ÉCOLES NORMALES

DES MAISONS D'ÉDUCATION SECONDAIRE

ET DES ÉCOLES PRIMAIRES

PAR

ALEXANDRE LEMOINE

MAITRE DE CHAPELLE A LA CATHÉDRALE D'ORLÉANS

PARIS

LIBRAIRIE ECCLÉSIASTIQUE ET CLASSIQUE

de Ch. FOURAUT

47, rue St-André-des-Arts

ORLÉANS, rue Royale, 26, à la Librairie nouvelle de Victor FLEURY

Orléans, Imp. et lith. Colas.

COURS THÉORIQUE ET PRATIQUE

DE

MUSIQUE VOCALE

COURS THÉORIQUE ET PRATIQUE

DE

MUSIQUE VOCALE

A L'USAGE DES ÉCOLES NORMALES
DES MAISONS D'ÉDUCATION SECONDAIRE
ET DES ÉCOLES PRIMAIRES

PAR

Alexandre LEMOINE

MAITRE DE CHAPELLE A LA CATHÉDRADE D'ORLÉANS

PARIS

LIBRAIRIE ECCLÉSIASTIQUE ET CLASSIQUE

de Ch. FOURAUT

47, rue St-André-des-Arts

ORLÉANS, rue Royale, 26, à la Librairie nouvelle de Victor FLEURY

A MON CHER MAITRE

M. François BAZIN

MEMBRE DE L'INSTITUT

HOMMAGE RECONNAISSANT

A L

PRÉFACE

L'expérience acquise par l'usage d'un *Cours complet de Musique vocale* que j'ai publié en 1867, m'a fait connaître les défauts de cet ouvrage et les perfectionnements dont il était susceptible. Le petit livre que je publie aujourd'hui est le fruit de mes observations répétées.

Ici, au lieu de séparer la théorie de la pratique, comme je l'avais fait précédemment, je les mets constamment en regard l'une de l'autre en faisant succéder, autant que possible, une leçon sur la mesure à une leçon sur l'intonation, et, afin de donner plus de relief aux préceptes, qui sont à « *l'art de bien chanter,* » ce que les règles de la grammaire sont à « *l'art de parler et d'écrire correctement,* » je les ai rapidement résumés dans un questionnaire, à la fin de chaque leçon.

En second lieu, j'ai augmenté le nombre de ces chants faciles que j'avais introduits dans mon *Cours complet.* Ils forment, en quelque sorte, des étapes auxquelles on sait combien les enfants, en général, ont hâte d'arriver ; c'est là ce me semble, un moyen de stimuler leur application en les amusant ; dans ce même but j'ai écrit des variations, d'une moyenne difficulté, sur quelques-uns de nos beaux airs populaires. Les élèves soutenus par la mémoire du dessin mélodique du thème, arrivent vite à solfier les variations ; dans tous les cas, ces compositions offrent un moyen facile d'exercer en même temps les habiles et les faibles, en donnant à ceux-ci la première ou la seconde partie du thème, lesquelles, tour à tour, servent d'accompagnement aux variations.

En troisième lieu, j'ai supprimé les nombreux exercices non mesurés que j'avais écrits en vue de familiariser l'élève avec des intonations difficiles. J'ai reconnu que, lorsqu'on s'adresse à des enfants, ces exercices jettent sur la leçon comme une teinte d'ennui, inconvénient qui s'évite à l'aide de la mesure et du rhythme ; d'ailleurs, au moment où l'étude de l'intonation privée de mesure est nécessaire, je donne au maître un moyen, dont je parlerai tout à l'heure, de la faire pratiquer d'une manière intéressante, en mettant les yeux au service de l'oreille.

Enfin, dans l'espoir de satisfaire en même temps les professeurs qui font marcher de front l'étude de la clef de sol et de la clef de fa et ceux qui trouvent, au contraire, que cette méthode augmente inutilement les premières difficultés, j'ai divisé mon Cours en deux parties qui se donnent la main ; dans la première, tous les exercices sont écrits en clef de sol, dans la seconde en clef de fa, si l'on ne veut faire apprendre que la clef de sol, la première partie suffit, si l'on veut faire apprendre simultanément les deux clefs, on procédera de la manière suivante :

Après la première leçon où, dans quelques solféges faciles, on apprend à connaître et à solfier, sur la clef de sol, les notes d'une octave, on ira à la seconde partie (pag. 92), faire la même étude sur la clef de fa au moyen des exercices nᵒˢ 1 et 2. Le nᵒ 3 de cette seconde partie, correspond à la deuxième leçon de la première partie.

Plus loin, on trouvera au-dessous du n° d'ordre d'un certain nombre de
solféges à une ou à deux voix, un petit chiffre précédé d'une clef de fa, ce
signe indique les n°ˢ qui peuvent être solfiés simultanément sur les deux clefs,
ainsi, par exemple, à l'exercice pratique n° 7 de la partie écrite en clef de sol,
(pag. 8), on voit, au-dessous du chiffre 7, une clef de fa suivie d'un 4, cela
signifie que le n° 4 de la seconde partie (pag. 95), correspond au n° 7 de la
première, que ces deux numéros peuvent être solfiés ensemble et ainsi de suite
pour toutes les indications analogues.

Si j'ajoute que le *Cours complet* coûtait 10 francs et que celui-ci, par la
modicité de son prix, est à la portée de tous, j'aurai dit les principales amélio-
rations apportées à cette nouvelle publication.

Il me reste à parler du moyen de faire participer la vue à l'éducation de
l'oreille. Ce moyen consiste dans l'emploi d'un *Tableau* que je nomme *omnitonique*, c'est-à-dire *de tous les tons*, et qui est *applicable à toutes les méthodes
d'enseignement musical*.

Le premier avantage de ce *Tableau* est de préserver l'élève de ce que j'oserai
appeler : LA ROUILLE DU TON DE DO que lui infligent, par une pratique infini-
ment trop prolongée, les méthodes en usage ; coutume qui fait prendre en
une telle horreur les armures fortement diésées ou bémolisées, qu'elle a con-
duit des hommes arrivés tard à l'étude de la musique, vers un système de
solmisation abandonné depuis plus de cent cinquante ans et qu'on nommait
« *solmisation par muances.* »

Dans un écrit fort court, j'ai donné sur le *Tableau omnitonique*, des explica-
tions qui en font comprendre l'usage ; ici, on n'a qu'à suivre les indications
que j'ai placées en *Notes* et surtout à l'*Appendice*.

On voudra bien remarquer que le *Tableau omnitonique* est à l'étude de la
musique, ce que sont, en mnémotechnie, ces signes dont chacun de nous
connaît l'efficacité pour localiser dans sa mémoire des pensées ou des actions
dont le temps pourrait emporter le souvenir.

Sans doute, si l'intelligence d'un enfant pouvait saisir sans peine le mécanisme, si simple qu'il soit, de la génération des gammes et les rapports qu'ont
entre eux les tons et les modes, qu'ils soient voisins ou éloignés les uns des
autres, s'il pouvait acquérir une idée bien nette de la modulation et de toutes
les choses de ce genre, que la musique écrite ne révèle qu'aux habiles prati-
ciens, on n'aurait guère besoin d'employer un tableau propre à lui en tracer
une fidèle image.

Mais il n'en est pas ainsi ; les connaissances que je viens d'énumérer ne
sauraient se graver dans l'entendement d'un enfant, que par des efforts d'attention dont son faible esprit est incapable, ou par une très-longue pratique à
laquelle il ne peut se livrer pendant la durée de ses études classiques, si, au
contraire, il est instruit au moyen du *Tableau omnitonique*, l'expérience me
permet de l'affirmer, non-seulement il acquerra de bonne heure et presque
à son insu, une idée parfaite de tout ce qui a rapport à l'intonation, mais
encore, il en conservera toujours le souvenir en se rappelant simplement les
dispositions du *Tableau* ; car il y aura vu, il y aura en quelque sorte TOUCHÉ
AU DOIGT, au fur et à mesure d'une pratique aisée, le mécanisme très-simple
des notions les plus abstraites dont la musique écrite, je le répète, ne
fait connaître les ressorts qu'aux musiciens qui ont fait de l'art une étude
approfondie.

Je termine, en souhaitant à ce petit livre et au *Tableau*, ouvrage de toute
ma vie, l'examen attentif des professeurs studieux et instruits. J'ai l'espoir
qu'ils ne regretteront pas les quelques instants que demande toujours l'étude
d'un procédé nouveau.

COURS THÉORIQUE ET PRATIQUE

DE

MUSIQUE VOCALE

PREMIÈRE PARTIE

NOTIONS PRÉLIMINAIRES

La Musique. — Le Son musical. — L'Alphabet des sons. — La Solmisation.

1. La Musique est « *l'art de bien chanter* », soit au moyen des voix, soit au moyen des instruments.

2. Le son musical est l'élément de la musique.

3. Les sept syllabes : DO, RÉ, MI, FA, SOL, LA, SI, servent à prononcer les sons musicaux, ces sept syllabes forment l'alphabet de la musique, comme les lettres A B C D etc., forment l'alphabet du langage.

4. On répète les sept syllabes de l'alphabet musical pour nommer successivement, tous les sons musicaux possibles, comme on répète par exemple, les mots *lundi, mardi, mercredi*, etc. pour nommer les jours de toute succession de semaines.

5. Lorsqu'on produit des sons musicaux, en prononçant les syllabes qui servent à les nommer, on *solfie* ; l'action de solfier, qu'on nomme *solmisation*, est le préliminaire obligé de toute instruction musicale.

NOTA. — *Dans les Questionnaires, le chiffre entre parenthèses indique le numéro du paragraphe qui doit donner le moyen de faire une bonne réponse.*

QUESTIONNAIRE. Qu'est-ce que la musique ? (1) — Quel est l'élément de la musique ? (2) — Comment prononce-t-on les sons musicaux ? (3) — Les sept syllabes servent-elles à prononcer tous les sons musicaux ? (4) — Qu'est-ce que *solfier* ? (5) — Qu'entend-on par le mot *solmisation* ? (5).

1ʳᵉ LEÇON

Les Notes. — La Portée. — La Clef de sol. — Le Tétracorde.

THÉORIE

6. Les sons musicaux se représentent par des signes qu'on nomme *notes* et qui s'écrivent sur cinq lignes, dont l'ensemble se nomme *portée*. La première ligne de la portée est celle du bas (¹).

7. Le nom des notes se reconnaît au moyen d'un signe qu'on place sur la seconde ligne de la portée et auquel on donne le nom de *clef de sol*, parce qu'il sert à indiquer la place de la note *sol*. Or, les notes de l'alphabet musical se suivant toujours dans le même ordre, si l'on convient de placer le *sol* sur la 2ᵉ ligne, le *la*, qui dans l'ordre alphabétique suit immédiatement le *sol*, se posera entre la 2ᵉ et la 3ᵉ ligne et ainsi de suite pour les notes supérieures au *sol*. La note inférieure au *sol*, le *fa*, se posera entre la 1ʳᵉ et la 2ᵉ ligne et ainsi de suite pour les notes inférieures au *sol*.

Clef de sol.   EXEMPLE :

8. Lorsqu'il y a des notes qui dépassent la portée, soit en haut soit en bas, on les écrit sur des petites lignes qu'on nomme *lignes supplémentaires*. La note *do* au commencement de l'exemple ci-dessus et le *la*, à la fin, sont posés sur des lignes supplémentaires.

9. Pour faire nos premiers exercices de solmisation, nous prendrons d'abord les quatre notes *do ré mi fa*, puis les quatre suivantes. Une suite de quatre notes disposées dans l'ordre alphabétique, se nomme *tétracorde* (²).

PRATIQUE

(1) Disons, une fois pour toutes, que le meilleur exemple à donner, pendant ou après la lecture de chacun des paragraphes, est celui que le professeur crayonne lui-même sur le *tableau noir*, rayé de portées, qui doit absolument faire partie du mobilier d'un cours de musique.

(2) Le *tableau omnitonique*, qui doit être déployé en vue des élèves, servira non seulement à la démonstration théorique dans toutes les leçons qui traitent de l'intonation, mais encore à la démonstration pratique. Ici, avant de passer aux exercices sur la portée, on exercera un instant les élèves à solfier au *tableau omnitonique*, d'abord le tétracorde *do ré mi fa*, puis le tétracorde *sol la si do*, en montrant les syllabes avec une baguette. C'est dans l'échelle du centre que se fera cette solmisation préparatoire ; on n'a pas à s'occuper, pour le moment, des *pastilles* renfermant un chiffre, qu'on voit à gauche de cette échelle.

QUESTIONNAIRE. A quoi servent les signes qu'on nomme: notes? (6) — Qu'est-ce que la portée? (6) — A quoi sert la clef de sol? (7) — Sur quelle ligne se pose la clef de sol? (7) — Où se pose le *la* qui vient immédiatement après le *sol*? (7) — Où se pose le *fa* qui précède immédiatement le *sol*? (7) — A quoi servent les lignes supplémentaires? (8) — Qu'est-ce qu'un tétracorde? (9).

2ᵉ LEÇON [1]

Les Sons graves. — Les Sons aigus. — L'Intervalle. — La Seconde. —
Le Ton et le Demi-ton. — La Gamme diatonique.

THÉORIE

10. On a dû remarquer, en solfiant les exercices précédents, que la voix va, tantôt d'un son bas à un son élevé, tantôt d'un son élevé à un son bas. Les sons bas se nomment *sons graves*, les sons élevés se nomment *sons aigus*, et l'on donne le nom *d'intervalle*, à la distance qu'il y a entre deux sons, dont l'un est plus grave ou plus aigu que l'autre,

11. On appelle *intervalle supérieur* celui qui va du grave à l'aigu, tandis que celui qui va de l'aigu au grave prend le nom *d'intervalle inférieur.*

12. Un son quelconque étant donné comme premier terme d'un intervalle, si l'on va au deuxième son supérieur ou inférieur, on forme un *intervalle de seconde.*

13. Il y a deux espèces de secondes : la *seconde majeure* et la *seconde mineure.*

14. Pour mesurer la distance comprise entre deux sons formant un intervalle quelconque, on se sert des mots *ton* et *demi-ton*. La seconde majeure contient un ton, la seconde mineure ne contient qu'un demi-ton.

15. Chacun des tétracordes qu'on a solfiés comprend deux tons suivis d'un demi-ton ; or, lorsqu'on fait entendre successivement deux tétracordes semblables, on obtient une échelle de huit sons qu'on désigne sous le nom de *gamme diatonique.*

16. La gamme diatonique est donc *une échelle de huit sons, formée de deux tétracordes semblables, séparés entre eux par une seconde majeure* [2].

17. Chacun des sons de la gamme peut prendre le nom de *degré* ; ainsi, l'on dit indifféremment : le premier son ou le premier degré de la gamme, le deuxième son ou le deuxième degré, etc.

18. La gamme diatonique donne une succession de sept intervalles de secondes, savoir : cinq secondes majeures qui vont [3] : du 1ᵉʳ au 2ᵉ

---

(1) Si l'on veut faire marcher de front l'étude de la clef de *sol* et de la clef de *fa*, on devra, avant d'aller plus loin, voir ce que nous avons dit à ce sujet dans la *Préface.*

(2) Un court exercice de solmisation au *tableau omnitonique*, en ne procédant que par intervalles de secondes, fixera, par les yeux, dans l'esprit des élèves, la mesure des intervalles et la conformation de la gamme. Pour faire faire cet exercice, on aura soin de poser la baguette de façon à ce que l'élève embrasse du même coup d'œil et la syllabe et le chiffre qui indique l'ordre numérique des degrés.

(3) A faire lire en montrant, au fur et à mesure, l'exemple au *tableau omnitonique.* On fera remarquer que l'espace qui sépare deux sons à la distance d'une seconde majeure est moitié plus grand que celui qu'il y a entre deux sons formant une seconde mineure.

degré, du 2ᵉ au 3ᵉ, puis du 4ᵉ au 5ᵉ, du 5ᵉ au 6ᵉ et du 6ᵉ au 7ᵉ, et deux secondes mineures, qui vont : du 3ᵉ au 4ᵉ degré et du 7ᵉ au 8ᵉ.

Afin de retenir dans sa mémoire cette succession d'intervalle, on peut dire :

Ton, Ton, Demi-ton,
Ton,
Ton, Ton, Demi-ton.

19. L'intervalle de huit degrés dans lequel la gamme est **renfermée,** se nomme *octave.*

20. On a donné le même nom aux deux termes d'une octave, parce qu'ils ont entre eux une si parfaite ressemblance, que si une voix en fait entendre le son grave, tandis qu'une autre voix en fait entendre le son aigu, les deux sons semblent se confondre en un seul et même son ; il n'y a donc que sept sons différents dans la gamme, puisque le huitième n'est que la répétition du premier.

PRATIQUE

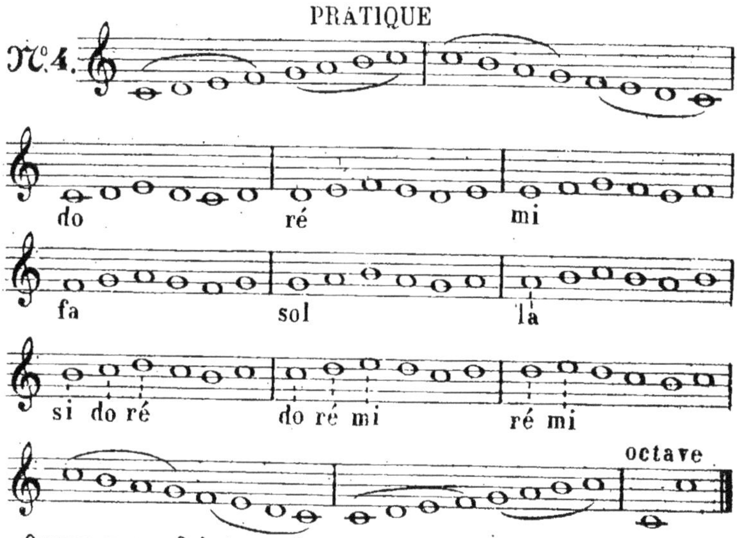

QUESTIONNAIRE. Qu'est-ce qu'un son grave ? (10) — Qu'est-ce qu'un son aigu ? (10) — Comment nomme-t-on la distance d'un son grave à un son aigu ? (10) — Qu'est-ce qu'un intervalle supérieur ? (11) — Qu'est-ce qu'un intervalle inférieur ? (11) — Qu'est-ce qu'une seconde ? (12) — Combien y a-t-il d'espèces de secondes ? (13) — A quoi servent les mots : ton et demi-ton ? (14) — Que contient la seconde majeure ? (14) — Que contient la seconde mineure ? (14) — Que contient le tétracorde *do, ré, mi, fa* ? (15) — Que contient le tétracorde *sol, la, si, do* ? (15) — Qu'est-ce que la gamme diatonique ? (16) — Qu'entend-on par le mot degré ? (17) — Combien y a-t-il de secondes majeures dans la gamme et où sont-elles placées ? (18) — Combien de secondes mineures et où sont-elles placées ? (19) — Qu'est-ce que l'octave ? (20) — Pourquoi donne-t-on le même nom aux deux termes d'une octave ? (20).

3ᵉ LEÇON

Les Signes de Durée. — La Mesure à deux Temps. — Les Barres de Mesure. Le Mouvement. — Le Point d'Orgue.

THÉORIE

21. Les sons diffèrent entre eux non-seulement par leurs mouvement du grave à l'aigu et de l'aigu au grave, c'est-à-dire par leur *intonation*, ils diffèrent encore par leur *durée*.

22. Pour indiquer la durée des sons on donne aux notes des figures différentes qui expriment ce qu'on appelle *la valeur des notes*.

23. Les repos qu'on observe en solfiant se marquent par des signes qu'on nomme *silences* et qui correspondent à la valeur des notes.

TABLEAU DES FIGURES DE NOTES ET DE SILENCES QUI SERVENT
A EXPRIMER LES RAPPORTS DE DURÉE.

Notes.		*Silences.*	
RONDE	Unité		PAUSE
BLANCHE	Demi-unité		DEMI-PAUSE
NOIRE	Quart d'unité		SOUPIR (¹)
CROCHE	Huitième «		DEMI-SOUPIR
DOUBLE-CROCHE	Seizième «		QUART DE SOUPIR
TRIPLE-CROCHE	Trente-deuxième «		HUITIÈME DE SOUPIR

La note qui a le plus de durée est la ronde, la blanche vaut la moitié d'une ronde c'est-à-dire qu'on ne met à solfier deux blanches que le temps qu'on met à solfier une ronde. Pendant la durée d'une ronde on pourrait solfier quatre noires puisque la noire ne vaut que le quart de la ronde et ainsi de suite pour toutes les valeurs de notes ou de silences.

(1) On pourra faire remarquer que le silence de la noire est le seul qui ait la tête tournée à droite ; les silences inférieurs ont la tête à gauche ; de plus, ils ont autant de *têtes* que la valeur de note à laquelle ils correspondent a de crochets.

24. Pour mesurer la durée des sons et des silences on fait avec la main des mouvements égaux en durée, c'est ce qu'on appelle *battre la mesure.*

25. La mesure qui se marque par deux mouvements, l'un *frappé,* l'autre *levé,* se nomme *mesure à deux temps.*

26. La ronde, comme on l'a vu au tableau ci-dessus, est la note sur laquelle on mesure toutes les autres valeurs, pour cette raison on lui donne le nom d'*unité de durée.* Il y a une autre espèce d'unité qu'on appelle *unité de temps,* parce qu'elle sert à mesurer toutes les notes qui entrent dans le temps.

27. La mesure à deux temps s'écrit sous deux formes différentes :

1° En prenant la blanche pour unité de temps. Cette forme de mesure s'indique à la clef par un C barré ou par un **2**, et se nomme simplement *mesure à deux temps.*

2° En prenant la noire pour unité de temps. Cette forme s'indique à la clef par un **2** et un **4** au-dessous, et se nomme *mesure à deux quatre.*

28. Toutes les fois que la mesure est marquée par deux chiffres superposés, le chiffre inférieur indique en combien de parties l'unité de durée est divisée, le chiffre supérieur, combien il faut de ces parties pour faire une mesure entière ; ainsi, dans la mesure à deux quatre, le 4 (chiffre inférieur), indique que la ronde est divisée en quarts, le 2 (chiffre supérieur), signifie qu'il faut deux quarts de la ronde pour faire une mesure entière.

29. Les mesures sont séparées entre elles par des petites lignes qui traversent la portée et qu'on nomme *barres de mesure.* On double la barre à la fin d'un morceau de musique.

30. On peut battre la mesure dans un mouvement vif ou dans un mouvement lent, on indique le *mouvement* en mettant au commencement d'un morceau de musique et au-dessus de la portée, un chiffre du métronome qui sert à régler la durée de la note à côté de laquelle il est placé, et, d'après le mouvement imprimé à cette note par une des vibrations du balancier, on règle le mouvement de la mesure.

31. On peut suspendre le mouvement de la mesure, on indique cette suspension par un signe qu'on nomme *point d'orgue* et que l'on place soit au-dessus, soit au-dessous de la note ou du silence sur lequel le mouvement doit être suspendu.

FIGURE DU POINT D'ORGUE. ⌒

32. La suspension du mouvement indiquée par le point d'orgue est arbitraire, c'est au goût du chanteur à en fixer la durée.

PRATIQUE

A
B
C
D
E
♩ = 60
№ 6.
A
B
C
♩ = 96
№ 7.
A

— 9 —
B
№. 8.
♩=69
A
B
№. 9.
(♩=80)
A
B

LE PETIT-PIERRE

OU L'ON N'A FAIT ENTRER QUE DES INTERVALLES DE SECONDES ET D'OCTAVE.

2	3

Je n'ai ni bois, ni terre,
Ni chevaux, ni laquais,
Petit propriétaire,
Mon fonds est deux crochets.
Je prends comme il arrive
L'ivraie et le bon grain.
Dieu veut que chacun vive,
Et je gagne mon pain (*bis*).

Contre un bel édifice
J'ai placé mon comptoir ;
Là sans parler au suisse,
On peut toujours me voir.
Pour n'oublier personne,
Je me lève matin,
Et la journée est bonne
Quand je gagne mon pain (*bis*).

4

Comme le disait Blaise,
Feu Blaise, mon parrain.
On est toujours à l'aise
Lorsque l'on n'a pas faim.
Dans les jours de misère
Je m'adresse au voisin ;
Il a pitié de Pierre,
Et je trouve mon pain (*bis*).

Poésie de Boucher de Perthes.

Nota. — *Nous ne donnons ici que quelques questions sur les relations de durée, le professeur pourra étendre ce Questionnaire au fur et à mesure des besoins de la pratique.*

Questionnaire. Comment indique-t-on la durée des sons ? (22) — Comment indique-t-on la durée des repos ? (23) — Combien la ronde vaut-elle de blanches ? (23) — Combien faut-il de noires pour remplir la durée d'une ronde ? (23) — Combien la blanche vaut-elle de noires ? (23) — Quel est le silence de la ronde ? (23) — Combien faudrait-il de soupirs pour la durée d'une blanche ? (23) — Quel est le silence de la blanche ? (23) — Comment fait-on pour mesurer la durée des sons et des silences ? (24) — Comment bat-on la mesure à deux temps ? (25) — Quelle est la note qu'on appelle unité de durée ? (26) — Y a-t-il une autre espèce d'unité ? (26) — Pourquoi l'unité de temps s'appelle-t-elle ainsi ? (26) — Quelle est la forme de mesure qui s'indique par un C barré ou par un 2 ? (27) — Qu'est-ce que la mesure à deux quatre ? (27) — Quelle est la signification des chiffres superposés, dans l'indication des mesures ? (28) — Qu'est-ce qu'une barre de mesure ? (29) — Comment indique-t-on le mouvement d'un morceau de musique ? (30) — A quoi sert le point d'orgue ? (31) — Quelle est la durée du point d'orgue ? (32).

4ᵉ LEÇON

Les Intervalles conjoints et les Intervalles disjoints. — La Tierce et la Quarte.

THÉORIE

33. Les secondes forment ce qu'on appelle des *intervalles par degrés conjoints*, ou plus simplement, des *intervalles conjoints*.

34. Les intervalles plus grands que la seconde forment des *intervalles disjoints*.

35. On obtient un premier intervalle disjoint en allant directement d'un son quelconque, donné comme premier terme, au troisième son supérieur ou inférieur, cet intervalle prend le nom de *tierce* (¹).

36. Il y a deux espèces de tierces, la *tierce majeure* qui contient deux tons et la *tierce mineure* qui ne contient qu'un ton et un demi-ton.

37. On forme un autre intervalle disjoint en allant directement d'un son quelconque, donné comme premier terme, au quatrième son supérieur ou inférieur, cet intervalle se nomme *quarte*.

38. Il y a deux espèces de quartes, la *quarte majeure* qui contient trois tons et la *quarte mineure* qui ne contient que deux tons et un demi-ton.

39. En certains cas, on donne à la quarte majeure le nom de *triton* (trois tons).

40. Dans les exercices suivants, on trouvera des doubles barres précédées ou suivies de deux points et qu'on nomme *barres de reprise*, parce que les deux points, lorsqu'ils sont devant la double barre, indiquent qu'il faut reprendre ce qui précède, et, lorsqu'ils sont après la double barre, ils indiquent qu'il faut reprendre ce qui suit.

41. Si, pour terminer un morceau de musique, on doit en répéter une partie déjà écrite, on indique cette répétition au moyen de signes qu'on nomme *renvois*.

FIGURE DU RENVOI 𝄋

42. Si l'on doit revenir au commencement, on se sert soit des renvois, soit des mots italiens *da capo*, qu'on écrit en abrégé D C. Le mot FIN ou un point d'orgue sur une double barre, indiquent la fin du morceau.

PRATIQUE

______

(1) On désignera au *tableau omnitonique* une note quelconque de la gamme de *do*, et l'on demandera aux élèves de former une tierce supérieure ou une tierce inférieure à partir de la note désignée. Après la lecture du paragraphe 36, on devra faire distinguer les tierces majeures des tierces mineures. On procèdera de la même manière pour les intervalles de quartes, puis l'on fera solfier des tierces et des quartes au *tableau*. Si les élèves sont intelligents et attentifs, on pourra dès à présent leur faire remarquer la propriété appellative de la quarte majeure.

QUESTIONNAIRE. Quels sont les intervalles conjoints ? (33) — Quels sont les intervalles disjoints ? (34) — Qu'est-ce qu'une tierce ? (35) — Combien y a-t-il d'espèces de tierces ? (36) — Que contient la tierce majeure ? (36) — Que contient la tierce mineure ? (36) — Qu'est-ce qu'une quarte ? (37) — Combien y a-t-il d'espèces de quartes ? (38) — Que contient la quarte majeure ?... la quarte mineure ? (38) — Qu'est-ce que le *triton* ? (39) — Qu'appelle-t-on barre de reprise et quel est son usage ? (40) — Qu'est-ce qu'un renvoi et quel est son usage ? (41) — Que signifie le mot *da capo* ? (42) — Comment indique-t-on la fin d'un morceau de musique lorsqu'on a dû revenir au commencement ? (42).

5ᵉ LEÇON

Le Ton. — La Tonique. — La Gamme de Sol. — Le Dièse.

THÉORIE

43. Le mot *ton* sert, non-seulement à exprimer la mesure des intervalles (14), il sert encore à désigner un ensemble de sons, liés entre eux, sous la dépendance d'un son fondamental auquel on donne le nom de *tonique*.

44. La tonique est la première note ou le premier degré de la gamme, toute gamme prend le nom de sa tonique ; ainsi, dans la gamme que l'on connaît, la tonique est *do*, la gamme est donc *dans le ton de do* ou simplement en *do* (¹).

45. Une note quelconque peut remplir la fonction de tonique, pourvu que la gamme à laquelle cette note servira de *fondamentale*, soit formée de deux tétracordes semblables séparés entre eux par une seconde majeure (16).

46. Or le tétracorde *sol la si do*, qui est régulièrement formé pour faire partie de la gamme de *do* comme second tétracorde, peut évidemment servir de premier tétracorde à une nouvelle gamme qui aura *sol* pour tonique (²).

47. Cette nouvelle gamme aura pour second tétracorde les notes *ré mi fa sol*, qui, dans la gamme de *do*, qu'on peut appeler la *gamme modèle*, donnent la succession suivante : *ton, demi-ton, ton*.

48. Afin de rendre ce second tétracorde semblable au premier, on devra élever d'un demi-ton la note *fa* (³).

49. Pour marquer, sur la portée, les notes élevées d'un demi-ton, on les fait précéder d'un signe qu'on nomme *dièse*, c'est pourquoi l'on dit : *le dièse sert à élever d'un demi-ton la note devant laquelle il est placé.*

FIGURE DU DIÈSE ♯

50. Lorsqu'une pièce de musique est tout entière dans le *ton de sol*, on met *un dièse à la clef* sur la ligne du *fa*. Le dièse à la clef indique une fois pour toutes, que tous les *fa* doivent être *dièsés*, c'est-à-dire solfiés un demi-ton au-dessus de l'intonation qu'ils ont dans la gamme de *do.*

(1) Afin de bien faire comprendre aux plus jeunes élèves cette idée abstraite du *ton*, on peut le comparer à une famille dont les membres, unis entre eux, sont sous la dépendance d'un chef qu'on nomme le père. Le chef de la famille de sons qu'on appelle le *ton*, c'est la tonique ; et, de même que la famille prend le nom du père, de même le ton prend le nom de son chef, la tonique.

(2) Faites voir au *tableau omnitonique* le premier tétracorde de la gamme de *sol*, et comparez-le au deuxième de la gamme de *do*.

(3) Comparez, au *tableau omnitonique*, les notes *ré, mi, fa, sol*, de la gamme de *do*, aux mêmes notes de la gamme de *sol*. Pour faire solfier dans le ton de *sol*, on prendra, selon la portée des voix, soit la gamme aiguë, soit la gamme grave, soit, enfin, les notes intermédiaires, mais en donnant aux notes l'intonation qui leur est propre, le *diapason normal* étant pris comme terme de comparaison ; faire autrement serait un moyen vicieux, absolument contraire à la bonne éducation de l'oreille.

PRATIQUE

N° 17.
♩ = 80
A
B
C
N° 18.

CANON, *Sur l'air des Matines de* FRÈRE JACQUES.

N°.19

♩ = 100

N°.20.

A

B

3

QUESTIONNAIRE. Que sert à désigner le mot ton? (43) — Qu'est-ce que la tonique? (44) — Duquel de ses degrés la gamme tire-t-elle son nom? (44) — A quelle condition une note quelconque peut-elle remplir la fonction de tonique? (45). — Le deuxième tétracorde de la gamme de *do* peut-il servir de premier tétracorde à une autre gamme? (46) — Quelle sera la tonique de cette gamme? (46) — Quelles notes forment le deuxième tétracorde de la gamme de *sol*? (47) — Que doit-on faire pour rendre le deuxième tétracorde de la gamme de *sol* semblable au premier? (48) — A quoi sert le dièse? (49) — En quel ton est-on avec une dièse à la clef? (50) — Que signifie le fa dièse à la clef? (50).

L'AUTOMNE.

<table>
<tr><td>

2

Leur feuille s'est dorée,
Et la terre est parée
Des plus vives couleurs,
Et dans le fond des plaines,
Les montagnes lointaines
Sont comme des vapeurs.

3

Sur l'eau du lac tranquille
Glisse la barque agile
Du robuste pêcheur ;
Et parmi la bruyère
Fuit la perdrix légère
Que poursuit le chasseur.

</td><td>

4

Le fléau qu'on balance
Retombant en cadence,
Frappe et foule le grain ;
Et Dieu toujours fidèle,
De sa main paternelle
Nous donne notre pain.

5

Ainsi notre bon père
Féconde cette terre,
Et comble tous nos vœux !
Mais la grande richesse
Est la vive allégresse
Qu'il nous prépare aux cieux.

</td></tr>
</table>

Poésie de Malan.

6ᵉ LEÇON

La Mesure à trois temps. — Ses différentes formes. — Valeur du Point
après une Note ou un Silence.

THÉORIE

51. Il y a un genre de mesure qui se marque par trois mouvements
et qui se nomme *mesure à trois temps*. Le premier temps de cette mesure se marque en frappant, le deuxième en portant la main à droite,
le troisième en levant ([1]).

52. On écrit la mesure à trois temps sous trois formes différentes.

1° En prenant la blanche pour unité de temps, cette forme, peu usitée
aujourd'hui, s'indique à la clef par un 3 et un 2 au-dessous et se nomme :
mesure à trois-deux, parce qu'elle contient trois fois la moitié de la
ronde (trois blanches).

2° En prenant la noire pour unité de temps, cette forme, la plus usitée,
s'indique à la clef par un 3 et un 4 au-dessous et se nomme : *mesure à
trois-quatre* parce qu'elle contient trois fois le quart de la ronde (trois
noires).

3° Enfin, en prenant la croche pour unité de temps, cette dernière
forme s'indique à la clef par un 3 et un 8 au-dessous et se nomme
mesure à *trois-huit*, parce qu'elle contient trois fois la huitième partie
de la ronde (trois croches).

53. Dans l'écriture musicale, le *point* augmente de la moitié de sa
valeur, la note après laquelle il est placé. La ronde pointée dure
autant que trois blanches, la blanche pointée vaut trois noires, la noire
pointée vaut trois croches, etc. Appliqué à un signe de silence; le point
a la même valeur qu'après une note.

54. La pause, silence de la ronde, sert toujours, comme on le verra
dans les exercices suivants, à marquer le silence d'une mesure entière,
quel que soit le genre ou la forme de la mesure.

____

([1]) On fera battre cette mesure en conduisant lentement les élèves avec ces mots :
Frappe, Droite, Lève.

QUESTIONNAIRE. Quelle est la mesure qui se marque par trois mouvements ?
(51) — Comment se bat la mesure à trois temps ? (51) — Comment se nomme
la mesure à trois temps qui a la blanche pour unité de temps ? (52) — Qu'est-ce
que la mesure à *trois-quatre* ? (52) — Qu'est-ce que la mesure à *trois-huit* (52)
— A quoi sert le point après une note ou un silence ? (53) — Comment marque-
t-on le silence d'une mesure entière dans toute sorte de mesure ? (54).

7ᵉ LEÇON

La Gamme de Fa. — Le Bémol. — Le Bécarre.

THÉORIE

55. Le premier tétracorde de la gamme modèle : *do ré mi fa* peut former le second tétracorde d'une nouvelle gamme. On sait que la tonique est le commencement et la fin de toute gamme (20). La note *fa* qui termine le tétracorde ci-dessus sera donc la tonique de la gamme qu'on va former ([1]).

56. La gamme de *fa* aura pour premier tétracorde les notes *fa sol la si*, qui, dans la gamme de *do* forment une succession de trois tons ([2]).

57. Afin d'avoir dans le premier tétracorde comme dans le second deux tons suivis d'un demi-ton, on devra abaisser le *si* d'un demi-ton ([3]).

58. Pour marquer, sur la portée, les notes baissées d'un demi-ton, on les fait précéder d'un signe que l'on nomme *bémol*, c'est pourquoi l'on dit : *le bémol sert à abaisser d'un demi-ton la note devant laquelle il est placé.*

FIGURE DU BÉMOL ♭

59. Lorsqu'une pièce de musique est tout entière dans le *ton de fa*, on met un bémol à la clef sur la ligne du *si*. Le bémol à la clef indique une fois pour toutes, que tous les *si* doivent être bémolisés, c'est-à-dire solfiés un demi-ton au-dessous de l'intonation qu'il ont dans la gamme de do.

60. Les dièses ou les bémols qu'on place à la clef, forment ce qu'on nomme *l'armure de la clef.*

61. Pour distinguer, dans le langage musical, les notes dièsées ou bémolisées de celles qui ne le sont pas, on donne à celles-ci le nom de *notes naturelles.*

62. Si l'on veut rendre *naturelle* une note précédemment dièsée ou bémolisée, on met devant elle un signe qu'on nomme *bécarre*, c'est pourquoi l'on dit : *le bécarre sert à remettre dans son état naturel la note devant laquelle il est placé.*

FIGURE DU BÉCARRE ♮

63. Le bécarre peut se placer à la clef pour détruire une armure dièsée ou bémolisée.

---

(1) Montrez au *tableau omnitonique* le premier tétracorde de la gamme modèle, et comparez-le au deuxième de la gamme de *fa*.

(2) Faites voir : *fa, sol, la, si,* dans la gamme de *do*.

(3) On fera voir le premier tétracorde de la gamme de *fa* au *tableau omnitonique*, et l'on devra faire solfier des intervalles de secondes, de tierces et de quartes, dans le ton de *fa*, en insistant sur le *si bémol*.

PRATIQUE [1]

(1) Voyez l'*Appendice*, lettre A.

(♩=100)
— 24 —
N°.28.
9:13
A
(♩=80)
N°.29.

No 30.
𝄋 (♩=80)
2/4
9: 14
Fin
Même mouvement
2/4
No 31.
(♩=100)
3/4

QUESTIONNAIRE. A quelle gamme le premier tétracorde de la gamme de *do* peut-il servir de deuxième tétracorde ? (55) — De quelles notes sera formé le premier tétracorde de la gamme de *fa ?* (56) — Que doit-on faire pour rendre ce premier tétracorde semblable au deuxième ? (57) — A quoi sert le bémol ? (58) — En quel ton est-on avec un bémol à la clef ? (59) — Qu'appelle-t-on l'armure de la clef ? (60) — Qu'appelle-t-on notes naturelles ? (61) — A quoi sert le bécarre ? (62) — Dans quel cas place-t-on le bécarre à la clef ? (63)

LE BOUQUET DE L'ANGE.

2

A son retour dans sa patrie,
Aux yeux de la céleste cour,
Il voulait l'offrir à Marie,
A la Vierge sainte et bénie,
Comme un tribut de notre amour.

3

Mais une rose à peine née
Lui dit : bel ange du Seigneur,
Pour votre Reine immaculée
Ma corolle est pâle et fanée
Et mon calice est sans fraîcheur.

4

Hélas ! Je ne suis que souillure
Dit le lis, ne me cueillez pas ;
Devant une Vierge si pure
Il faut une blanche parure
Que les lis n'ont point ici-bas.

5

Puis la violette s'écrie
Cachant sa timide beauté
Avant de m'offrir à Marie
Ange du ciel, je vous en prie,
Enseignez-moi l'humilité.

6

L'ange admira ce doux mystère
Et des pleurs humectant ses yeux
Il dit : nulle fleur sur la terre
N'est digne de vous, ô ma mère !
Allons en cueillir dans les cieux.

Poésie de P. Granger.

8me LEÇON

La Mesure à quatre Temps. — Ses différentes Formes. — Le Point
après une note valant un temps.

THÉORIE

64 Si l'on double la mesure à deux temps, on obtient une mesure qui se marque par quatre mouvements et qui se nomme *mesure à quatre temps*. Le premier temps de cette mesure se marque en frappant, le deuxième en portant la main à gauche, le troisième en portant la main à droite et le quatrième en levant (¹).

65. On écrit la mesure à quatre temps sous trois formes différentes.

1°. En prenant la blanche pour unité de temps ; cette forme, peu usitée, s'indique à la clef par un 4 et un 2 au-dessous et se nomme *mesure à quatre deux*, parce qu'elle contient quatre demi-rondes, (quatre blanches). Dans la mesure à quatre deux, la note qui dure quatre temps se représente par une *carrée* ; la carrée vaut deux rondes ou quatre blanches : on en verra la figure dans l'exercice pratique suivant.

2°. En prenant la noire pour unité de temps, cette forme la plus usitée s'indique à la clef par un C ou par un 4 : on la désigne simplement sous le nom de *mesure à quatre temps*.

3°. En prenant la croche pour unité de temps, cette forme s'indique à la clef de la même manière que la mesure à deux-quatre (²).

66. Le point, comme on le sait, augmente de la moitié de sa valeur la note après laquelle il est placé. Une note n'ayant que la valeur d'un seul temps, durera donc *un temps et demi*, lorsqu'elle sera pointée. Lorsqu'une note est suivie de deux points, le second vaut la moitié du premier.

PRATIQUE

(1) On fera battre cette mesure en conduisant lentement les élèves avec ces mots : *Frappe, Gauche, Droite, Lève.*

(2) Il serait plus logique de la marquer par un 4 et un 8 au-dessous, et de la nommer *mesure à quatre-huit.* Sa correspondance, pour la forme, avec la mesure à trois-huit, serait ainsi rendue plus sensible.

N.o 34
♩=69
— 29 —
N.o 35
9: 16
♩ - 100

QUESTIONNAIRE. Quel nom donne-t-on à la mesure qui se marque par quatre mouvements? (64) — Comment bat-on la mesure à quatre temps? (64) — Qu'est-ce que la mesure à *quatre-deux?* (65) — Comment s'indique, à la clef, la mesure à quatre temps qui a la noire pour unité de temps? (65) — Quelle est l'indication, à la clef, de la mesure à quatre temps qui a la croche pour unité de temps? (65) — Quel est la valeur du point après une note qui vaut un temps? (66) — Lorsqu'une note est suivie de deux points, quelle est la valeur du second? (66)

LA NOUVELLE ANNÉE.

2

Mais attends que le printemps passe ;
Attends que triste et vieillissant,
Décembre avec ses doigts de glace
Ait courbé ton front languissant.
Et de tous ceux que ta jeunesse
Attirait près de ton berceau,
Combien pleureront ta vieillesse
S'acheminant vers le tombeau   (*bis*).

3

Nul d'entre eux ne sera fidèle
Ils oublieront tous tes bienfaits,
Pour aller à ta sœur nouvelle
Porter leurs vœux et leurs souhaits.
Nouvelle année passe en silence ;
Fais le bien partout et toujours,
Apporte au malheur l'espérance
A l'innocence ton secours   (*bis*).

Poésie de P. Granger.

9ᵉ LEÇON

Les Nuances. — L'Expression qu'on donne par le mouvement.

THÉORIE

67. On donne le nom de *nuances* aux diverses modifications du son allant du fort au faible, et réciproquement. Pour faire connaître comment les sons doivent être *nuancés*, on se sert de mots italiens. Le tableau suivant contient les mots les plus usités, leur signification et la manière de les écrire.

MOTS USITÉS.	SIGNIFICATION.	COMMENT ON LES ÉCRIT.
Forte..............	*Fort*	F.
Fortissimo..........	*Très-fort*	FF.
Mezzo forte.........	*A moitié fort*	M. F.
Piano.............	*Doux*	P.
Pianissimo.,........	*Très-doux*	PP.
Crescendo..........	*En augmentant*.......	Cres. ou <
Diminuendo.........	*En diminuant*........	Dim. ou >

68. Pour marquer que les sons doivent être attaqués avec une certaine sécheresse et bien détachés les uns des autres, on met au-dessus ou au-dessous des notes, un point ou une espèce de virgule allongée. On indique encore cette articulation par le mot *staccato*, qui signifie *détaché.*

69. Si l'on veut au contraire que les sons soient bien liés et proférés sans prendre respiration, on leur applique le signe connu sous le nom de *liaison*, ou bien on écrit, au-dessus des notes, le mot *legato*, qui signifie *lié.*

70. Enfin, on cherche quelquefois l'expression dans le retard du mouvement, quelquefois encore en retenant au-delà de sa valeur un son quelconque. Les mots *ritardando* ou *rallentando*, qu'on écrit ordinairement en abrégé de cette manière, *ritard, rall*, indiquent qu'on doit ralentir le mouvement de la mesure. Le mot *ritenuto*, qu'on écrit ainsi en abrégé, *rit,* indique qu'il faut retenir au-delà de sa valeur la note au-dessus de laquelle il est écrit.

71. Le mouvement s'indique comme on le sait (40), au moyen d'un chiffre du métronome ; il s'indique encore par des mots italiens qui, sans avoir la signification rigoureuse du chiffre métronomique, servent néanmoins à faire connaître le caractère général du morceau et l'expression qu'on peut lui donner par le mouvement.

Voici les mots les plus usités :

Largo..........	*Largement.*	Moderato............	*Modéré.*
Lento	*Lentement.*	Allegro.............	*Gaiement.*
Maestoso	*Majestueusement.*	Vivace..............	*Vif.*
Adagio	*Posément.*	Risoluto.............	*Résolument.*
Andante........	*Un peu lent.*	Agitato.............	*Agité.*

72. Quelques-uns de ces mots ont des diminutifs que l'usage apprendra à connaître, ainsi *andantino* est un diminutif *d'andante*, etc., souvent ces mots sont accompagnés des adverbes *peu* et *beaucoup* qu'on écrit en italien. *poco et molto*. On trouve, par exemple, ces indications : *poco lento, molto agitato*, etc.

LES QUATRE AGES DU JOUR.

2

Midi le fait monter sur son trône de flamme
L'œil n'en peut plus alors soutenir la splendeur,
Et je dis, accablé de sa puissante ardeur ;
    C'est Dieu (*bis*), qui pénètre mon âme
    Du sentiment de sa grandeur.

3

Le soir, vers l'horizon, sa course descendue,
De ses sommets lointains semblent chercher l'appui,
Son front découronné, d'un feu plus doux à lui ;
    C'est Dieu (*bis*), qui permet que ma vue
    Ose s'élever jusqu'à lui.

4

La nuit d'un crêpe noir enveloppe la terre
Son souffle éteint du jour, le radieux flambeau,
Quand le monde muet semble un vaste tombeau ;
    C'est Dieu (*bis*), qui parle en ce mystère,
    Il me promet un jour plus beau.

Poésie de Mme A. Tastu.

QUESTIONNAIRE. Qu'appelle-t-on nuances? (67) — Comment indique-t-on qu'il faut chanter fort?.. très-fort?.. à moitié fort?.. doux?.. très-doux?.. qu'il faut augmenter le son?.. qu'il faut le diminuer? (67) — Comment marque-t-on qu'il faut détacher les sons les uns des autres? (68) — Comment marque-t-on que les sons doivent être liés entre eux? (69) — Par quel mot indique-t-on qu'il faut ralentir le mouvement? (70) — Que signifie le mot *ritenuto* et comment l'écrit-on en abrégé? (70). — Comment indique-t-on que le mouvement doit être large?.. lent?.. majestueux?.. posé?.. un peu lent?.. modéré?.. vif?.. résolu?.. agité?.. (71) — Que signifient les mots *poco,* *molto*? (72) — Que veut dire *poco lento*? (72) — Que veut dire *molto vivace*? (72).

10e LEÇON

Les Temps forts. — Les Temps faibles. — La Syncope. — La Liaison.

THÉORIE

73. Dans tous les genres de mesure, les temps se distinguent en *temps forts* et en *temps faibles.*

74. Le premier temps de la mesure à deux temps est fort, le deuxième est faible.

75. Dans la mesure à trois temps, le premier est fort, les deux autres sont faibles.

76. La mesure à quatre temps qui n'est qu'une double mesure à deux temps (64), a ses articulations fortes sur le premier et sur le troisième temps et ses articulations faibles sur le deuxième et sur le quatrième.

77. Un son, attaqué au temps faible d'une mesure quelconque et terminé au temps fort suivant, produit ce qu'on nomme une *syncope.*

78. Lorsque la syncope est formée de deux notes, dont l'une est au dernier temps d'une mesure, tandis que l'autre est au premier temps de la mesure suivante, on les lie l'une à l'autre par un petit trait recourbé qu'on nomme *liaison.*

79. Les notes syncopées vont. non-seulement d'un temps faible à un temps fort, mais encore de toute fraction faible du temps, à la fraction forte suivante.

Un morceau de musique peut commencer sur le temps faible de la mesure ou sur la fraction faible du temps ; on supplée aux parties qui manquent à cette première mesure en les supposant écrites en *silences.*

PRATIQUE

QUESTIONNAIRE. Comment distingue-t-on les temps entre eux dans toute espèce de mesure? (73) — Quel est le temps fort dans la mesure à deux temps? (74) — Quels sont les temps faibles dans la mesure à trois temps? (75) — Où sont placés les temps forts et les temps faibles dans la mesure à quatre temps? (76) — Qu'est-ce qu'une syncope? (77) — Qu'est-ce qu'une liaison? (78) — La syncope va-t-elle seulement d'un temps faible à un temps fort? (79)

11ᵉ LEÇON

Le Renversement. — La Quinte, la Sixte et la Septième. — Les Intervalles simples. — Les Intervalles redoublés.

THÉORIE

80. Si l'on porte à son octave supérieure, la note grave d'un intervalle quelconque, ou si l'on en porte la note aiguë à son octave inférieure, on fait une opération qu'on nomme *renversement*. Le mot renversement a donc, en musique, la signification que nous lui connaissons, puisque c'est en mettant en haut la note qui était en bas ou en bas la note qui était en haut que l'on *renverse* un intervalle.

81. Si l'on renverse la quarte, on obtient un intervalle de cinq degrés qu'on nomme *quinte*.

EXEMPLE :

Si l'on représentait la quarte par le chiffre 4, qui exprime le nombre de degrés dont elle est formée, et la quinte par un 5, on obtiendrait, par l'addition de ces deux chiffres, le nombre 9 pour total. Or, les chiffres qui correspondent au nombre de degrés que contiennent un intervalle quelconque et son renversement donnent toujours ce même total.

82. La tierce qu'on peut représenter par un 3, a pour renversement un intervalle de six degrés qu'on nomme *sixte* (3 et 6 font 9).

83. La seconde qu'on peut représenter par un 2, a pour renversement un intervalle de sept degrés qu'on nomme *septième* (2 et 7 font 9).

84. Un intervalle quelconque et son renversement ayant pour limites les deux termes d'une octave, invariablement formée de cinq tons et deux demi-tons, il s'en suit que si l'on prend dans cette mesure *invariable* une seconde mineure, par exemple, on aura pour renversement une septième majeure ; tandis que si l'on prend une seconde majeure, on n'aura pour renversement qu'une septième mineure, la raison en est bien simple : une mesure invariable étant donnée, plus on prend d'un côté, moins il reste de l'autre et réciproquement.

EXEMPLE :

85. On voit par cette exemple : 1° que les intervalles de quarte et de quinte, de tierce et de sixte, de seconde et de septième, sont le renversement les uns des autres ; 2° que le renversement de tout intervalle majeur est mineur et que le renversement de tout intervalle mineur est majeur.

86. D'après ce qui vient d'être dit, on comprendra facilement que si l'on veut savoir de suite ce que contient un grand intervalle, une septième majeure, par exemple, on n'aura qu'à procéder ainsi :

L'octave contient. . . . . 5 tons 2 demi-tons.

La seconde mineure. 0   1 demi-ton.

Reste pour la septième majeure. . . . . . 4 tons 1 demi-ton.

On procèdera d'une manière analogue pour connaître la mesure des intervalles plus grands que la quarte (1).

87. Les intervalles qui ne dépassent pas l'octave se nomment *intervalles simples*.

88. On nomme *intervalles redoublés* ceux qui dépassent l'octave.

89. On obtient des intervalles redoublés en portant à une octave au-dessus, la note supérieure d'un intervalle quelconque, ou, à une octave au-dessous la note inférieure.

90. En ajoutant le nombre 7 aux chiffres figurés à la ligne supérieure de l'exemple suivant et qui représentent les intervalles simples, on obtient, par l'addition, le nombre des degrés dont sont formés les intervalles redoublés.

2e	3e	4e	5e	6e	7e	8e
7	7	7	7	7	7	7
9	10	11	12	13	14	15

On voit que la *neuvième* est le redoublement de la seconde, la *dixième* le redoublement de la tierce, etc., etc.

91. Le principe de tous les intervalles simples ou redoublés est l'*unisson*. On appelle ainsi deux sons unis sur le même degré.

PRATIQUE

N° 42.

(1) On fera solfier tous les intervalles au *tableau omnitonique*, en suivant la marche du premier des *exercices pratiques* suivants. Pendant cette solmisation, on fera remarquer les intervalles majeurs et les intervalles mineurs. Lorsque les élèves solfieront sur la portée, la mémoire des distances qu'ils auront vues au *tableau* leur reviendra naturellement à l'esprit, et les aidera, à leur insu, à donner aux sons leur juste intonation.

Variations sur l'air Fleuve du Tage.
N° 43.
p
1ere. VAR.
On peut accompagner les variations, en solfiant la 2e partie du Thême.
2e. VAR.
p

3e. VAR.
p
Les virgules indiquent les endroits ou l'on doit respirer

N.o 44.
♩=104
mf

Questionnaire. Qu'appelle-t-on *renversement* ? (80) — Quel est le renversement de la quarte ? (81) — Quel est le renversement de la tierce ? (82) — Quel est le renversement de la seconde ? (83) — Quelle opération peut-on faire pour connaître facilement le renversement d'un intervalle quelconque ? (84) — Quel est le renversement de la septième majeure ?.. de la sixte mineure ?.. de la quarte majeure? (85) — Que contient la septième majeure ?.. la sixte mineure ?.. la quinte majeure? (86) — Qu'appelle-t-on *intervalles simples* ?.. (87) — Qu'appelle-t-on *intervalles redoublés* ? (88) — Comment obtient-on des intervalles redoublés? (89) — Quelle opération doit-on faire pour connaître facilement le redoublement d'un intervalle quelconque? (90) — Quel est le redoublement de la seconde ?.. de la tierce ?.. de la quarte ?.. de la quinte ?.. (90) — Qu'appelle-t-on *unisson* ? (91).

SONGE EST MENSONGE.

OU L'ON A FAIT ENTRER TOUS LES INTERVALLES CONTENUS DANS L'OCTAVE.

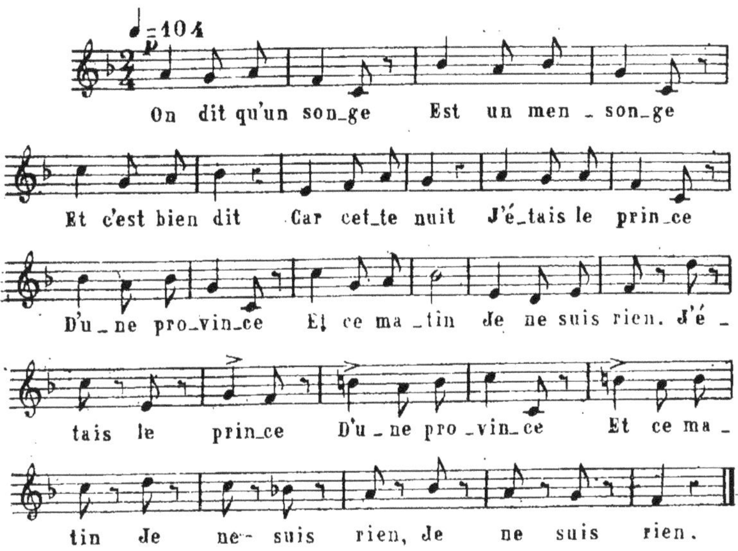

2

On dit qu'un songe
Est un mensonge
Et c'est bien dit,
Car celte nuit
J'avais finance
En abondance
Et ce matin
Je n'ai plus rien.

3

On dit qu'un songe
Est un mensonge
Et c'est bien dit,
Car cette nuit
J'étais à table
Très-confortable
Et ce matin
Je meurs de faim.

4

Mais bon courage !
Conduite sage
Et des parents
Toujours contents,
N'est point mensonge
Et mieux qu'un songe
Assure au cœur
Un vrai bonheur.

Poésie de M. Mareschal-Duplessis.

12ᵉ LEÇON

La Modulation. — Propriété appellative du Quatrième et du Septième degré. — Les Notes tonales. — Ce qu'on nomme Accidents et Sons altérés.

THÉORIE

92. Lorsqu'en solfiant on va d'un ton à un autre, on fait un mouvement qu'on appelle une *modulation*.

93. Le quatrième et le septième degré de la gamme, qui sont entre eux à la distance d'une quarte majeure, (triton) sont en quelque sorte les ressorts de la modulation ; pour bien moduler il importe donc de connaître la propriété appellative que possèdent ces deux degrés *lorsqu'ils sont mis en rapport l'un avec l'autre* (1).

94. Le quatrième degré tend à descendre vers la tonique, en passant par les notes intermédiaires qui sont le troisième et le deuxième degré ; il donne l'idée du *mouvement descendant*.

95. Le septième degré tend à monter immédiatement vers l'octave de la tonique ; il donne l'idée du *mouvement ascendant* ; on le nomme *note sensible*, parce qu'il rend sensible à l'oreille, la tonique vers laquelle il tend.

96. Le quatrième et le septième degré prennent le nom de *notes tonales*, parce que, par leur tendance vers la tonique, ils servent à déterminer le ton. Les notes tonales sont les *attributs du ton*.

97. Puisqu'il y a des sons qui donnent l'idée du mouvement, il doit y en avoir qui donnent l'*idée du repos* ; en effet, la tonique placée à la fin d'une phrase musicale, apporte à l'oreille l'idée du repos.

98. Dans la modulation, le quatrième ou le septième degré des tons où l'on module, apparaissent précédés, soit d'un dièse, soit d'un bémol ou d'un bécarre ; on désigne alors ces signes, sous le nom de *signes accidentels*, ou simplement d'*accidents*, pour les distinguer des dièses, des bémols ou des bécarres placés à la clef.

99. Les notes qui sont posées sur le même degré que la note *accidentée*, reçoivent l'effet de l'accident pendant toute la durée d'une mesure.

100. Une fois le ton d'un morceau de musique établi par l'armure de la clef, on considère comme des sons *altérés* (2), ceux qui sont précédés d'un accident.

---

(1) Si le professeur a à sa disposition un piano ou un harmonium, il n'aura qu'à faire entendre simultanément le quatrième et le septième degré d'une gamme quelconque, faisant leur résolution sur le troisième et sur le huitième, pour pénétrer les élèves de la propriété appellative du *triton*. Dans la mélodie, cette propriété ne se manifeste sensiblement que si le quatrième degré et le septième sont à peu de distance l'un de l'autre. Voyez l'*Appendice*, lettre B.

(2) Le mot *altéré* est parfaitement appliqué ici, quoiqu'on ait prétendu le contraire. Ne dit-on pas *altéré de vengeance*, *altéré de richesse*, pour exprimer le violent désir de se venger ou d'être riche ? C'est dans ce sens qu'il faut entendre le mot « *altéré* » en musique. Les sons altérés ont une irrésistible tendance vers un autre son ; ils sont véritablement *altérés* du son vers lequel ils tendent.

101. Le dièse et le bécarre effaçant un bémol sont les *signes de l'alté-ration ascendante* ; ils sont toujours placés devant le septième degré du ton où l'on module, ils donnent l'idée du *mouvement ascendant.*

102. Le bémol et le bécarre effaçant un dièse, sont les *signes de l'altération descendante* ; ils sont toujours placés devant le quatrième degré du ton où l'on module, ils donnent l'idée du *mouvement descendant.*

PRATIQUE

Nota. *Dans les exercices suivants on a marqué du chiffre 4 et du chiffre 7 les quatrièmes et septièmes degrés au moyen desquels s'opère la modulation.*

QUESTIONNAIRE. Qu'appelle-t-on une *modulation* ? (92) — Qu'importe-t-il de savoir pour bien moduler ? (93) — Quel est le degré de.la gamme qui tend à descendre ? (94) — Quelle est la tendance du septième degré ? (95) — Qu'est-ce que la note sensible ? (95) — Qu'appelle-t-on notes tonales ? (96) — Pourquoi donne-t-on au quatrième et au septième degré le nom de notes tonales ? (96) — Quel est le son qui donne l'idée du repos ? (97) — Qu'appelle-t-on *accidents* ? (98) — Sur quelles notes l'accident produit-il son effet ? (99) — Qu'appelle-t-on sons altérés ? (100) — Quels sont les signes de l'altération ascendante ? (101) — De quel mouvement l'altération ascendante donne-t-elle l'idée ? (101) — Quels sont les signes de l'altération descendante ? (102) — De quel mouvement l'altération descendante donne-t-elle l'idée ? (102).

13ᵉ LEÇON

Le Rhythme. — Mesures du Rhythme ternaire.

THÉORIE

103. On désigne par le mot *rhythme* toute succession régulière des sons forts et des sons faibles.

104. Si les sons forts se succèdent de 2 en 2 le rhythme est *binaire*.

105. Si les sons forts se succèdent de 3 en 3 le rhythme est *ternaire*.

106. La mesure à deux temps, formée de deux sons d'égale durée est le type du rhythme binaire, comme la mesure à trois temps formée de trois sons égaux entre eux est le type du rhythme ternaire.

107. Ces deux espèces de rhythmes s'appliquent non-seulement à la mesure, ils s'appliquent encore aux parties de la mesure qu'on appelle *temps ;* de là deux espèces de chaque genre de mesure : 1° celles qui, dans chacun de leurs temps, reproduisent la mesure à deux temps ; les mesures de cette espèce qu'on désigne sous le nom de *mesures du rhythme binaire,* ont été étudiées dans les leçons précédentes ; 2° celles qui, dans chacun de leurs temps, reproduisent la mesure à trois temps : ces mesures se nomment *mesures du rhythme ternaire.*

108. Les mesures du rhythme ternaire s'écrivent sous deux formes différentes : 1° avec la blanche pointée pour unité de temps, cette forme est peu usitée ; 2° avec la noire pointée.

109. Lorsque la noire pointée est unité de temps, la mesure à deux temps s'indique à la clef, par un 6 et un 8 au-dessous et se nomme *mesure à six-huit,* parce qu'elle contient six huitièmes de la ronde (unité de durée) ; cette mesure est formée de deux mesures à *trois-huit.*

110. La mesure à trois temps s'indique par un 9 et un 8 au-dessous et se nomme *mesure à neuf-huit,* parce qu'elle contient neuf huitièmes de la ronde ; cette mesure est formée de trois mesures à *trois-huit.*

111. La mesure à quatre temps se marque par 12 et un 8 au-dessous et se nomme *mesure à douze-huit,* parce qu'elle contient douze huitièmes de l'unité de durée ; cette espèce de mesure est formée de quatre mesures à trois-huit.

EXEMPLE où l'on compare entre elles les mesures à deux, à trois et à quatre temps, du rhythme binaire, aux mêmes mesures du rhythme ternaire ([1]).

(1) Afin de bien comprendre cet exemple, les élèves battront, *dans un mouvement lent,* plusieurs mesures à deux, à trois, puis à quatre temps, en comptant les temps à haute voix, tandis que le professeur frappera avec une baguette d'abord les mouvements du rhythme binaire, puis les mouvements du rhythme ternaire. A l'*Appendice,* lettre C, nous donnons quelques développements à cette question du rhythme.

112. Lorsque, dans les mesures du rhythme ternaire la blanche pointée est prise pour unité de temps, le 8 employé comme chiffre inférieur dans l'indication des mesures ci-dessus est remplacé par un **4**, les mesures prennent alors les noms de mesures à *six-quatre*, à *neuf-quatre* et à *douze-quatre*, parce qu'elles contiennent six, neuf ou douze quarts de la ronde. La mesure à *trois-quatre* entre deux fois dans la mesure à six-quatre, trois fois dans la mesure à neuf-quatre et quatre fois dans la mesure à douze-quatre.

PRATIQUE

CANTIQUE.

2

Quand la lune et les étoiles,
De la nuit perçant les voiles,
Jettent leur pâle clarté ;
Quand la brise passagère,
Le soir, d'une aile légère,
Balance les fleurs d'été.

3

C'est votre nom, ô Marie !
Que la nature attendrie
Redit, faible écho des cieux,
C'est votre nom qu'elle chante,
Avec une voix touchante,
Qui ravit nos cœurs pieux.

4

Et du chrétien la voix pure
S'unit alors au murmure
De cet hymne universel,
Et vous daignez lui sourire
Quand il vous offre sa lyre,
Aimable Reine du Ciel.

Poésie de P. Reynier.

— 50 —
= 100
Nº 49.
9: 23
p
p
cres
cres
Fin
= 100
f
p
f
p

QUESTIONNAIRE. Que désigne-t-on par le mot rhythme? (103) — Qu'est-ce que le rhythme binaire? (104) — Qu'est-ce que le rhythme ternaire? (105) — Quelle est la mesure binaire? (106) — Quelle est la mesure ternaire? (106) — Qu'est-ce qu'une mesure du rhythme binaire? (107) — Qu'est-ce qu'une mesure du rhythme ternaire? (107) — Sous combien de formes s'écrivent les mesures du rhythme ternaire? (108) — Qu'est-ce que la mesure à six-huit? (109) — Qu'est-ce que la mesure à neuf-huit? (110) — Qu'est-ce que la mesure à douze-huit? (111) — Que contiendrait une mesure à six-quatre?.. à neuf-quatre?.. à douze-quatre? (112).

14ᵉ LEÇON

Par quelles Modulations s'opère la Génération et la Destruction des Dièses.

THÉORIE

113. La modulation qui va du ton de *do* au ton de *sol* se nomme *modulation au cinquième degré*, parce qu'on prend le cinquième degré de la gamme où l'on est pour en faire la tonique de la gamme où l'on va (1).

114. La modulation au cinquième degré engendre un dièse, elle résume les opérations qui ont servi à former la gamme de *sol* (46, 47, 48).

115. Si, à partir du ton de *do*, on reproduit sept fois la modulation au cinquième degré, on obtiendra sept dièses qui, en raison de leur loi de génération, formeront cette succession de quintes supérieures : *fa do sol ré la mi si.*

116. Le dernier des dièses de l'armure est toujours le septième degré du ton où l'on est ; il donne l'idée du mouvement ascendant. Pour connaître le ton, avec un nombre quelconque de dièses, on doit donc prendre un degré au-dessus du dernier dièse de l'armure.

117. La modulation qui va du ton de *sol* au ton de *do* se nomme *modulation au quatrième degré*, parce qu'on prend le quatrième degré de la gamme où l'on est pour en faire la tonique de la gamme où l'on va ; cette modulation détruit un dièse, on va donc du ton de *do* ♯ (sept dièses) au ton du *do* naturel, par sept modulations au quatrième degré ; chacune de ces modulations détruit un dièse. Le bécarre effaçant un dièse donne l'idée du mouvement descendant.

PRATIQUE

(1) L'*Étude journalière des gammes* a dû rendre familières aux élèves les notions théoriques contenues dans cette leçon ; néanmoins on devra, après chacun des paragraphes, montrer l'exemple au *tableau omnitonique*. On fera de même à la 16ᵉ leçon, qui traite de la génération des bémols.

en si
en fa #
en do #
en fa #
en si
en mi
en la
en ré
en sol
en do
N.º 53.
80 All.tto
p

CANON ♩=104
Nᵒ 54.
Andante ♩=80
Nᵒ 55.
p
A

— 55 —
N°. 56.
All.° = 100
f
p
A
cres _ _ _ poco _
a _ _ poco
f
B
p

C
f
p
D
E
ff
P
No. 57.
9:27
♩.= 120
mf
f
p

— 57 —
A
B
rit
CANON poco presto
Nº 58
mf

LE CLAIRON.

2

Le Clairon est un vieux brave,
Et lorsque la lutte est grave,
C'est un rude compagnon ;
Il a vu mainte bataille
Et porte plus d'une entaille,
Depuis les pieds jusqu'au front.

3

C'est lui qui guide la fête,
Jamais sa fière trompette
N'eut un accent plus vainqueur ;
Et de son souffle de flamme,
L'espérance vient à l'âme,
Le courage monte au cœur.

4

On grimpe, on court, on arrive,
Et la fusillade est vive,
Et les Prussiens sont adroits,
Quand enfin le cri se jette :
« En marche ! A la baïonnette !
Et l'on entre sous le bois.

5

A la première décharge,
Le Clairon sonnant la charge
Tombe frappé sans recours ;
Mais, par un effort suprême,
Menant le combat quand même,
Le Clairon sonne toujours.

6

Il est là, couché sur l'herbe,
Dédaignant, blessé superbe,
Tout espoir et tout secours ;
Et sur sa lèvre sanglante,
Gardant sa trompette ardente,
Il sonne, il sonne toujours.

7

Puis, dans la forêt pressée,
Voyant la charge lancée,
Et les Zouaves bondir,
Alors le Clairon s'arrête,
Sa dernière tâche est faite,
Il achève de mourir.

Poésie extraite des Chants du Soldat de P. Déroulède.

QUESTIONNAIRE. Comment appelle-t-on la modulation qui va du ton de *do* au ton de *sol* ? (113) — Que produit la modulation au cinquième degré ? (114) — En partant du ton de do, combien faut-il moduler de fois au cinquième degré pour obtenir sept dièses ? (115) — Comment se succèdent les dièses, et quel est le nom des sept notes successivement dièsées ? (115) — Comment reconnaît-on le ton où l'on est avec des dièses ? (116) — En quel ton est-on avec un dièse ?.. avec deux dièses ?... avec trois ?... avec quatre ?... avec cinq ?... avec six ?... avec sept dièses ? (116) — Qu'est-ce qu'une modulation au quatrième degré ? (117) — Par quelle modulation va-t-on d'un ton dièsé à un ton moins dièsé ? (117)

15ᵉ LEÇON

Le Triolet. — Le Sixain. — Le Temps binaire dans les Mesures
du rhythme ternaire.

THÉORIE

118. On appelle *triolet* un groupe de trois notes par temps, dans les
mesures du rhythme binaire.

119. Le triolet s'écrit par trois notes valant la moitié de l'unité de
temps ; ainsi, si le temps est formé d'une blanche, le triolet se représente par trois noires ; dans les mesures où le temps est formé d'une
noire, le triolet s'écrit par trois croches, etc.

120. On peut appliquer le triolet aux différentes fractions de temps ;
il s'écrit alors par trois notes valant la moitié de la fraction du temps
qu'on veut remplacer par un triolet ; ainsi, dans une mesure à deux-
quatre qui contient quatre croches ou huit doubles croches, on pourrait
former la mesure, de quatre triolets de doubles croches ou de huit triolets de triples croches, etc.

121. On peut former de six articulations, le temps des mesures du
rhythme binaire. On ne doit pas confondre ces six articulations avec
deux triolets successifs. Les triolets se lient de trois en trois : le premier
son est fort, les deux autres sont faibles, tandis qu'un groupe de six
articulations, qu'on désigne sous le nom de *sixain*, se décompose par
deux.

122. Le sixain s'écrit par six notes, valant le quart de l'unité de
temps. Si l'unité de temps est la blanche, le sixain s'écrit en croches ;
si l'unité de temps est la noire, le sixain s'écrit en doubles croches, etc.
Pour distinguer ces formes du temps, empruntées aux mesures du
rhythme ternaire, on marque le triolet du chiffre 3 et le sixain du
chiffre 6.

123. On peut former des temps binaires dans les mesures du rhythme
ternaire. On indique ces combinaisons rhythmiques par un 2 ou par
un 4, selon que le temps est formé de deux ou de quatre notes.

124. Dans les exercices suivants, on trouvera un signe qui n'a pas
encore été employé, ce signe qui sert à marquer le silence de deux
mesures se nomme *bâton de deux pauses* ; le silence de quatre mesures
se marque par un *bâton de quatre pauses*. Par la combinaison de ces
deux signes et de la pause simple on peut écrire tous les nombres possibles de mesures à compter. On indique généralement ce nombre
par des chiffres.

PRATIQUE

D.C.
pp
B
Variations sur un air de Noël.
N° 62.
bien détaché
1re VAR.
On peut accompagner en solfiant la 2de partie du Thême
2me VAR.
p
On doit accompagner en solfiant la 1re partie du Thême.

QUESTIONNAIRE. Qu'appelle-t-on un triolet ? (118) — Comment s'écrit le triolet qui forme le temps lorsque la blanche est unité de temps ? (119) — Lorsque le temps est formé d'une noire comment s'écrit le triolet équivalent (119)? — Comment s'écrit le triolet qui tient, dans le temps, la valeur d'une croche ? (120) — Comment s'écrit le triolet qui tient, dans le temps, la valeur d'une double croche ? (120) — Qu'est-ce que le sixain ? (121) — Comment se succèdent les notes fortes et les notes faibles dans le sixain ? (121) — Comment s'écrit le sixain valant une blanche ? (122) — Comment s'écrit le sixain valant une noire ? (122) — Comment désigne-t-on le triolet et le sixain dans l'écriture musicale ? (123) — Quel est le signe qui indique que le temps est formé de deux ou de quatre notes dans les mesures du rhythme ternaire ? (123). — Comment marque-t-on le silence de deux mesures?.. de quatre mesures? (124). — Comment marquerait-on le silence de cinq mesures? (124).

16ᵉ LEÇON

Par quelles Modulations s'opère la Génération et la Destruction des Bémols.

THÉORIE

125. La modulation qui va du ton de *do* au ton de *fa* porte le nom de *modulation au quatrième degré*. Cette modulation engendre un bémol ; elle résume les opérations qui ont servi à former la gamme de *fa* (55, 56, 57).

126. Si, à partir du ton de *do* on reproduit sept fois la modulation au quatrième degré, on obtiendra sept bémols, qui en raison de leur loi de génération, formeront cette succession de quartes supérieures ou de quintes inférieures, *si mi la ré sol do fa.*

127. Le dernier des bémols de l'armure est toujours le quatrième degré du ton où l'on est ; il donne l'idée du mouvement descendant. Pour connaître le ton avec un nombre quelconque de bémols, on doit donc prendre quatre degrés au-dessous du dernier bémol de l'armure, ou, plus simplement, l'avant-dernier bémol.

128. La modulation au cinquième degré, qui va du ton de *fa* au ton de *do*, détruit un bémol ; on va donc du ton de *do* ♭ (sept bémols) au ton de *do* naturel, par sept modulations au cinquième degré ; chacune de ces modulations détruit un bémol. Le bécarre effaçant un bémol donne l'idée du mouvement ascendant.

129. On remarquera : 1° que la modulation au cinquième degré qui détruit les bémols engendre les dièses ; 2° que la modulation au quatrième degré qui engendre les bémols détruit les dièses (¹).

PRATIQUE

(1) Toutes ces notions entrent si facilement, par la vue, dans l'esprit des élèves au moyen du *tableau omnitonique*, que nous avons cru ne devoir donner d'autres exemples notés que les *exercices pratiques*, soigneusement disposés de manière à éclairer tous les points que la théorie aurait pu laisser dans l'obscurité.

65
en sol ♭
en do ♭
en sol ♭
en ré ♭
en la ♭
en mi ♭
en si ♭
en fa
en do
N.º 64.
♩=100
p
f
A
p
6

pp
Nº 65.
pp
cres
A
p
cres
f
f
p
Andante
Nº 66
9: 30

LA FLEUR.

2

C'est qu'une abondante rosée
Pèse sur toi dès le matin
Et ta frêle tige abaissée
Voudrait se relever en vain.
— Mais bientôt ta fleur réjouie
Voit briller l'horizon vermeil
Et se redresse épanouie
Au premier rayon du soleil   (*bis*).

3

Notre âme où descend la tristesse
Se penche comme cette fleur ;
Tout la fatigue et tout l'oppresse
Parce qu'elle est loin du Seigneur ;
Mais quand la foi, divine aurore
Sur elle répand sa chaleur
La fleur peut embaumer encore
L'âme peut s'ouvrir au bonheur (*bis*).

Poésie de M. le vicomte d'Osseville.

Variations sur l'air: Combien j'ai douce souvenance
N.º 67.
1re VAR.
On peut accompagner en solfiant la 2e partie du Thême
2me VAR
On doit accompagner en solfiant la 1re partie du Thême

QUESTIONNAIRE. Par quelle modulation est engendré le bémol ? (125) — Combien faut-il faire de modulations au quatrième degré, à partir du ton de do, pour avoir sept bémols ? (126) — Comment se succèdent les bémols, et quel est le nom des sept notes successivement bémolisées ? (126) — Comment reconnait-on le ton où l'on est, avec des bémols ? (127) — En quel ton est-on avec un bémol ?... avec deux bémols ?... avec trois ?... avec quatre ?.. avec cinq ?... avec six ?... avec sept bémols ? (127) — Par quelle modulation va-t-on d'un ton bémolisé à un ton moins bémolisé ? (128) — Quelle est la modulation qui engendre les dièses et détruit les bémols ? (129) — Quelle est la modulation qui engendre les bémols et détruit les dièses ? (129)

17ᵉ LEÇON

Les deux Modes. — Ce qu'on appelle le Relatif. — Les Notes modales. —
Les Intervalles augmentés et les Intervalles diminués.

THÉORIE

130. Il y a deux manières de faire la gamme diatonique. Le mot *manière* s'exprime en musique par le mot *mode* ; il y a donc deux modes : l'un est appelé le *mode majeur*, l'autre le *mode mineur*.

131. La gamme diatonique du mode majeur est celle qu'on a appris à connaître à la 2ᵉ leçon et qui a servi de modèle pour former toutes les gammes dièsées et toutes les gammes bémolisées.

132. La gamme diatonique du mode mineur commence sur le troisième degré inférieur à la tonique d'un mode majeur quelconque et finit au sixième degré (¹).

133. Les rapports qui existent entre une gamme majeure et une gamme mineure, prises dans la même échelle, s'expriment par le mot *relatif*, ainsi les tons de *do* majeur et de *la* mineur sont relatifs l'un à l'autre, etc.

134. Du premier au troisième degré du mode majeur il y a une tierce majeure et du premier au sixième, une sixte majeure ; tandis qu'il n'y a qu'une tierce mineure du premier au troisième degré du mode mineur et une sixte mineure du premier au sixième.

135. La première et la sixième note de toute gamme servent donc à déterminer le mode ; pour cette raison, on leur donne le nom de *notes modales* : les notes modales sont les *attributs du mode*, comme les notes tonales sont les attributs du ton (96). Toute gamme doit être douée de ces deux espèces d'attributs.

136. Afin de pourvoir la gamme mineure de notes tonales, c'est-à-dire afin d'établir une quarte majeure de son quatrième à son septième degré on élève d'un demi-ton le cinquième degré du relatif majeur ; ce cinquième degré élevé, remplit dans la gamme mineure la fonction de note sensible (95) (²).

137. Dans les gammes majeures de *si*, de *fa* ♯ et de *do* ♯ on élève d'un demi-ton le cinquième degré au moyen d'un signe qu'on nomme *double dièse*. Le double dièse sert à élever d'un demi-ton la note précédemment dièsée.

FIGURE DU DOUBLE DIÈSE

138. La nécessité de donner à la gamme mineure une sixte mineure suivie d'une note sensible, fait que du sixième au septième degré on

---

(1) On fera voir au *tableau omnitonique,* dans la gamme du centre, les *pastilles* renfermant les chiffres qui correspondent aux degrés de la gamme de *la* mineur.

(2) Nous devons dire ici que tous les points renfermant le chiffre 7, que l'on voit au *tableau omnitonique,* entre le cinquième et le sixième degré de chacune des gammes majeures, représentent la note sensible du relatif mineur.

trouve une seconde plus grande d'un demi-ton que la seconde majeure (¹). Tout intervalle plus grand d'un demi-ton qu'un intervalle majeur quelconque s'appelle *intervalle augmenté*, on donne le nom d'*intervalle diminué* à celui qui est plus petit d'un demi-ton que l'intervalle mineur.

139. Les intervalles augmentés et les intervalles diminués sont le renversement les uns des autres (²).

140. Pour résumer ce qui vient d'être exposé et afin de retenir dans sa mémoire la succession des intervalles de la gamme mineure, on peut dire :

Ton, Demi-ton,
Ton, Ton, Demi-ton,
Seconde augmentée, Demi-ton.

PRATIQUE

(1) **Voyez** le *tableau omnitonique*. Dans la solmisation préparatoire qu'on devra faire faire, on insistera sur la *seconde augmentée* aussi bien en montant qu'en descendant.

(2) On fera voir au *tableau omnitonique :* 1° l'intervalle de *seconde augmentée*, qui va du sixième au septième degré du mode mineur, puis son renversement, la *septième diminuée*, qui va du septième degré à l'octave du sixième; 2° l'intervalle de *quinte augmentée*, qui va du troisième au septième degré, puis son renversement, la *quarte diminuée*, qui va du septième degré à l'octave du troisième; et l'on comparera les intervalles augmentés aux mêmes intervalles majeurs, et les intervalles diminués aux mêmes intervalles mineurs.

Nº 69.
Agitato. ♩=140
p
f
p
>
B
p
cres
poco   a   poco
ff
p
Nº 70.
9:31
♩=120
p
Fin
f

— 73 —
D.C.
Nᵒ.71.
Allegretto.
mf
p
A
B
C
ff
pp
ff
pp
ff
pp

LE RÉMOULEUR

MAJEUR ET MINEUR RELATIFS.

2

Je ne veux pas d'un sort qui se dénoue
Par des hasards que fait tourner le vent *(bis)*.
Tourne toujours, etc.

3

Que le voisin ou me blâme ou me loue
De mon métier j'ai lieu d'être content *(bis)*.
Tourne toujours, etc.

4

De tout guerrier la victoire se joue
Hier vainqueur et vaincu maintenant *(bis)*.
Tourne toujours, etc.

5

S'il faut qu'un jour ma pauvre barque échoue
Dieu, j'en suis sûr, pour moi sera clément *(bis)*.
Tourne toujours, etc.

QUESTIONNAIRE. Combien y a-t-il de modes et quel est leur nom ? (130) — Qu'est-ce que la gamme du mode majeur ? (131) — Comment forme-t-on la gamme mineure ? (132) — Qu'exprime-t-on par le mot *relatif* ? (133) — Quel intervalle y a-t-il du 1er au 3e degré du mode majeur ?.. du 1er au 6e ? (134) — Quel intervalle y a-t-il du 1er au 3e degré du mode mineur ?.. du 1er au 6e ? (134) — Qu'appelle-t-on notes modales ? (135) — Pourquoi les notes modales sont-elles nommées ainsi ? (135) — Que doit-on faire pour donner des notes tonales au mode mineur ? (136) — De quel signe se sert-on pour élever d'un demi-ton les notes dièsées ? (137) — D'où vient que du sixième au septième degré de la gamme mineure il y a un intervalle de seconde augmentée ? (138) — Quel nom donne-t-on aux intervalles plus grands d'un demi-ton que les intervalles majeurs ? (138) — Qu'est-ce qu'un intervalle diminué ? (138) — Quel est le renversement d'un intervalle augmenté ?.. d'un intervalle diminué ? (139) — Quelle succession d'intervalles donne la gamme mineure ? (140).

18ᵉ LEÇON

Comment on évite l'Intervalle de Seconde augmentée dans le Mode mineur. —
Manière de distinguer les modes entre eux.

THÉORIE

141. Dans le mode mineur, lorsqu'on va du sixième degré à la note
sensible, on élève quelquefois le sixième degré d'un demi-ton, afin d'é-
viter l'intervalle de seconde augmentée (*voyez la 1ʳᵉ mesure du nᵒ 73*).

142. Lorsque le chant descend, en passant par la note sensible suivie
du sixième degré, on peut éviter l'intervalle de seconde augmentée en
abaissant la note sensible d'un demi-ton (*voyez la 2ᵉ mesure*).

143. Enfin il arrive fréquemment qu'on n'abaisse pas la note sensible
en descendant et qu'on élève le sixième degré pour remonter à la
tonique par la note sensible (*voyez la 3ᵉ mesure*).

144. Ces modifications tout-à-fait arbitraires, ne peuvent être admises
dans la gamme du mode mineur parce qu'elles lui feraient perdre une
de ses modales en montant, ou sa note sensible en descendant (1).

145. L'armure d'un mode majeur et de son relatif mineur étant la
même, comme on le voit au *tableau* suivant, il faut, pour distinguer
le mode, chercher des yeux les 5ᵉ degré du mode majeur ; si ce degré
est élevé d'un demi-ton on peut supposer qu'on est dans le mode
mineur.

146. Un autre moyen consiste à regarder par quelle note finit le
morceau de musique, cette dernière note est presque toujours la
tonique.

147. Le seul moyen infaillible consiste à se bien pénétrer du caractère imprimé au mode par les notes modales, le mode majeur sert à
exprimer les sentiments énergiques, tandis que le mode mineur a
une expression douce et triste (2).

TABLEAU DES TONS MAJEURS ET MINEURS :

Dièsés.			*Bémolisés.*		
1 ♯ — fa . . . . SOL	MI.		1 ♭ — si . . . . FA	RÉ.	
2 ♯ — fa do . . . . RÉ	SI.		2 ♭ — si mi . . . . SI ♭	SOL	
3 ♯ — fa do sol . . . . LA	FA ♯		3 ♭ — si mi la . . . . MI ♭	DO	
4 ♯ — fa do sol ré . . . . . . MI	DO ♯		4 ♭ — si mi la ré . . . . LA ♭	FA	
5 ♯ — fa do sol ré la . . . . . SI	SOL♯		5 ♭ — si mi la ré sol . . . . RÉ ♭	SI	♭
6 ♯ — fa do sol ré la mi . . FA ♯	RÉ ♯		6 ♭ — si mi la ré sol do . SOL ♭	MI	♭
7 ♯ — fa do sol ré la mi si DO ♯	LA ♯.		7 ♭ — si mi la ré sol do fa DO ♭	LA ♭	.

(1) Dans notre *Cours complet de musique vocale,* nous avons dit : « L'altération
ascendante du sixième degré du mode mineur doit être considérée comme *appoggiature inférieure* de la note sensible ; l'altération descendante de la note sensible doit
être considérée comme une *appoggiature supérieure* du sixième degré. » (2ᵉ vol.,
page 16.)

(2) Si le professeur le juge utile, il pourra faire pratiquer au *tableau omnitonique*
certaines modulations dont nous parlons à l'*Appendice*, lettre D.

N̥. 73.
♩=104
C
mf
6ᵉ
7ᵉ
7ᵉ 6ᵉ 7ᵉ
A
B
N̥. 74.
♩=104 Risoluto
C
f
f
p
f
pp
f
p f

LE PÊCHEUR

OU L'ON A FAIT ENTRER TOUS LES INTERVALLES PROPRES AU MODE MINEUR.

2

Serais-tu donc plus clairvoyant que nous ?
Tout hameçon dans le siècle où nous sommes,
Lorsqu'il est d'or, doit prendre aussi des hommes,
Il faut de l'or c'est le besoin de tous.

3

Ah ! t'y voilà ! grossis donc mon butin,
Pour mon panier, quitte l'eau des rivières
Mais, pour adieu, ne dis pas à tes frères
Qu'en tout il faut considérer la fin.

Poésie de M. Mareschal-Duplessis.

QUESTIONNAIRE. Fait-on toujours la seconde augmentée en montant la gamme mineure? (141) — Pourquoi prive-t-on quelquefois le mode mineur de sa note sensible, en descendant dans l'ordre de la gamme? (142) — Peut-on éviter, en même temps de priver le mode mineur de sa note sensible en descendant et de faire entendre la seconde augmentée? (143) — Pourquoi la gamme mineure ne peut-elle admettre ni l'élévation de son sixième degré ni l'abaissement de son septième degré? (144) — Quels sont les moyens de reconnaître si le mode est majeur ou mineur? (145, 146, 147). — Nommez tous les tons majeurs et mineurs avec des dièses (Tableau). Nommez tous les tons majeurs et mineurs avec des bémols (Tableau).

19ᵉ LEÇON

La Gamme chromatique. — Le Double Dièse. — Le Double Bémol.

THÉORIE

148. Le demi-ton formé par deux notes portant le même nom dont l'une est altérée tandis que l'autre est naturelle, comme *do do*♯ ou *ré ré*♭, se nomme *demi-ton chromatique*.

149. La note supérieure du demi-ton chromatique tend à monter, la note inférieure tend à descendre.

150. L'intervalle de seconde majeure divisé chromatiquement comprend deux demi-tons.

151. Si l'on divise chromatiquement les cinq secondes majeures de la gamme diatonique, on obtient une gamme de treize sons qui ne procède que par demi-tons et qu'on nomme *gamme chromatique*.

152. La gamme chromatique comprend douze demi-tons, savoir : cinq demi-tons chromatiques et sept demi-tons diatoniques.

153. On considère comme des *altérations* des degrés de la gamme diatonique, les sons dièsés ou bémolisés, qui servent à diviser les cinq secondes majeures en deux demi-tons.

EXEMPLE (¹)

154. La gamme chromatique, comme on le voit, se fait en montant par des altérations ascendantes, un seul degré, le septième reçoit l'altération descendante.

155. Dans l'ordre descendant la gamme chromatique se fait ordinairement par des altérations descendantes (²), un seul degré, le quatrième, garde l'altération ascendante.

EXEMPLE :

(1) A faire voir au *tableau omnitonique*, et, si l'on a pratiqué les diverses modulations pour l'étude desquelles nous avons renvoyé précédemment à l'*Appendice*, lettre D, on pourra faire remarquer aux élèves que les cinq altérations qui servent à diviser en deux demi-tons les cinq secondes majeures de la gamme diatonique de *do*, sont celles qui servent à moduler à ses cinq tons voisins.

(2) Par les cinq altérations qui servent à moduler aux cinq tons voisins du *mineur homonyme*, en sorte que la gamme chromatique ascendante est majeure. La gamme descendante appartient au mode mineur.

156. Dans l'ordre ascendant comme dans l'ordre contraire, le quatrième degré ne reçoit que l'altération ascendante et le septième l'altération descendante ; *s'il en était autrement les notes tonales perdraient leur propriété appellative.*

157. Tous les intervalles majeurs et mineurs qu'on forme au moyen des sons d'une gamme diatonique, se désignent sous le nom d'*intervalles de l'ordre diatonique;* nous les avons mesurés *diatoniquement*, c'est-à-dire par tons et par demi-tons. Les intervalles augmentés et les intervalles diminués sont formés par les sons de la gamme chromatique ; on les appelle *intervalles de l'ordre chromatique* et nous les mesurerons *chromatiquement*, c'est-à-dire par demi-tons.

158. On obtient un tableau résumé des intervalles de l'ordre chromatique, plus grands que le demi-ton, en partant de l'altération descendante du septième degré et en allant successivement aux altérations ascendantes des 1er, 2e, 4e, et 5e degrés.

159. Puisque la gamme chromatique contient douze demi-tons, c'est toujours le nombre 12 qu'on devra obtenir pour total en additionnant le nombre de demi-tons que contiennent un intervalle de l'ordre chromatique et son renversement ; la seconde augmentée, par exemple, contient *trois demi-tons* ; la septième diminuée en contient donc *neuf,* etc.

160. Dans les gammes dièsées, les degrés affectés d'un dièse reçoivent l'altération ascendante au moyen du *double dièse* (137), dans les gammes bémolisées les degrés affectés d'un bémol reçoivent l'altération descendante au moyen du *double bémol.*

FIGURE DU DOUBLE BÉMOL ♭♭

161. Le dièse simple, sert à remettre dans son état primitif la note doublement dièsée ; il doit alors être considéré comme altération descendante.

162. Le bémol simple sert à remettre dans son état primitif la note doublement bémolisée ; il remplit alors la fonction d'altération ascendante.

PRATIQUE

№ 77
♩=100
p
f
ritard.
ff
dim.
pp
f
p

LA CLOCHE.

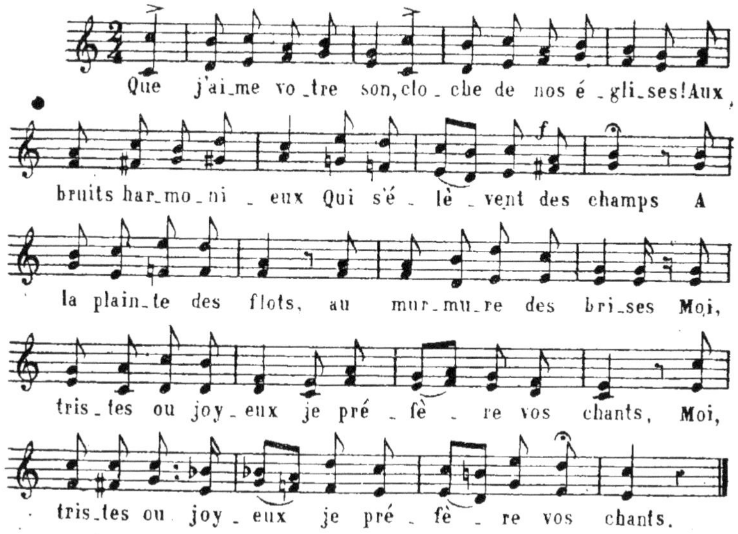

2

Plus que tous les accords de fête ou d'élégie,
Que votre urne sonore épanche tour à tour,
J'aime cet Angelus, pieuse trilogie,
Qui parle de Marie aux trois heures du jour   (*bis*).

3

L'Angelus du matin, gazouillement timide
Qui prélude au réveil des bruits accoutumés,
L'Angelus de midi, brise fraîche et limpide,
Qui s'élève un instant sous les cieux enflammés (*bis*).

4

Le nocturne Angelus, mélodieux cantique,
Qui seul, interrompant le silence du soir,
Fend les airs endormis de sa strophe mystique,
Comme un dernier parfum monte de l'encensoir (*bis*).

Poésie de Paul Reynier.

♩=104
2/4
N°78.
CANON

QUESTIONNAIRE. Qu'est-ce qu'un demi-ton chromatique ? (148) — Quelle est la tendance de la note supérieure du demi-ton chromatique ? (149) — Quelle est la tendance de la note inférieure du demi-ton chromatique ? (149) — Combien la seconde majeure contient-elle de demi-tons ? (150) — Comment se nomme la gamme qui ne procède que par demi-tons ? (151) — Combien y a-t-il de demi-tons dans la gamme chromatique et de quelle espèce sont ces demi-tons ? (152) — Comment doit-on considérer les sons altérés que comprend une gamme chromatique ? (153) — Quel est le degré de la gamme qui ne peut recevoir que l'altération descendante ? (154) — Quel est le degré qui ne peut recevoir que l'altération ascendante ? (155) — Comment les notes tonales pourraient-elles perdre leur propriété appellative dans la gamme chromatique ? (156) — Comment mesure-t-on les intervalles de l'ordre chromatique ? (157) — Quels sont les intervalles augmentés et diminués qu'on forme au moyen des sons de la gamme chromatique ? (158) — Que contient la seconde augmentée ?.. la septième diminuée ?.. la tierce augmentée ?.. la sixte diminuée ?.. la quinte augmentée ?.. la quarte diminuée ?.. la sixte augmentée ?.. la tierce diminuée ? (159) — A quoi sert le double bémol ? (160) — De quel signe se sert-on pour remettre dans son état primitif une note doublement diésée et comment doit-on considérer ce signe ? (161) — De quel signe se sert-on pour remettre dans son état primitif une note doublement bémolisée et comment doit-on considérer ce signe ? (162).

20ᵉ LEÇON

L'Enharmonie. — Les Intervalles de l'ordre Enharmonique.

THÉORIE

163. Il résulte de ce qui a été dit à la leçon précédente, que la seconde majeure peut être divisée chromatiquement de deux manières ; *do ré*, par exemple, peut être divisé par l'altération ascendante de son terme inférieur ; ce qui donne cette succession : *do do* ♯ *ré* ; elle peut encore être divisée par l'altération descendante de son terme supérieur, ce qui donne : *do ré* ♭ *ré* ♮.

164. La substitution immédiate de l'altération ascendante du terme inférieur d'une seconde majeure à l'altération descendante du terme supérieur se désigne sous le nom d'*enharmonie* ; il y a enharmonie de *do* ♯ à *ré* ♭.

165. Six gammes offrent entre elles des exemples d'enharmonie. La gamme de *do* ♯ (7 dièses) est enharmonique de celle de *ré* ♭ (5 bémols). Les gammes de *fa* ♯ et de *si* ♮ sont enharmoniques de celles de *sol* ♭ et de *do* ♭ (¹).

166. Dans la pratique, deux sons enharmoniques l'un de l'autre, comme *do* ♯ *ré* ♭, sont au même degré d'élévation, néanmoins on donne à toute succession de ce genre le nom de *seconde enharmonique* et l'on attribue théoriquement, une intonation un peu plus élevée à la note dièsée qu'à la note bémolisée, cet intervalle présente donc cette anomalie que sa note la plus basse selon l'ordre alphabétique est plus élevée que sa note la plus haute : *do* ♯ est plus élevé que *ré* ♭ (²). En sorte que la gamme enharmonique renfermée dans l'échelle de *do* majeur devrait s'écrire, en montant, de cette manière :

La gamme enharmonique descendante s'écrirait ainsi :

(1) Voyez le *tableau omnitonique*, et faites solfier les gammes enharmoniques en allant successivement de la gamme de *do dièse* à celles de *ré bémol*, de *sol bémol*, de *fa dièse*, de *si naturel* et de *do bémol*. Dans le trajet d'une gamme à son enharmonique, il faut que la baguette passe d'une tonique à l'autre en suivant lentement la ligne qui les *fait voir* au même degré d'élévation ; en allant, par exemple, du ton de *do dièse* au ton de *ré bémol*, les élèves ne devront cesser de solfier le *do dièse* qu'au moment où la baguette touchera *ré bémol*.

(2) Cette théorie est établie par les calculs des géomètres. Voyez notre *Cours complet*, 2ᵉ volume, page 20 et suivantes, et page 71, une note sur la valeur numérique des notes et sur le *tempérament*.

167. Quoique ces deux gammes soient absolument inusitées elles sont propres à faire voir l'origine des intervalles de l'ordre enharmonique dont les compositeurs se servent pour moduler.

168. Parmi ces intervalles, quelques-uns sont plus grands d'un demiton que les intervalles augmentés, d'autres sont plus petits que les intervalles diminués ; on donne aux premiers le nom d'*intervalles suraugmentés*, on appelle les seconds intervalles *sous-diminués*.

169. On obtient un tableau de tous les intervalles de l'ordre enharmonique, plus grands que la seconde, en allant de l'enharmonie de la note sensible à l'altération ascendante des 1er, 2e, 3e, 4e, 5e et 6e degrés.

EXEMPLE :

170. Si l'on transforme enharmoniquement l'un des termes de l'exemple ci-dessus, on obtient tous les intervalles de l'ordre diatonique.

171. Par la transformation du 1er terme, c'est-à-dire, en substituant *si* à *do* ♭ on obtiendra tous les intervalles de la gamme de *fa* ♯ *majeur*. Par la transformation du 2e terme, c'est-à-dire, en substituant aux notes diésées leur enharmonique bémolisée, on obtiendra tous les intervalles de la gamme de *sol* ♭ *majeur ;* or, les intervalles de l'*exemple* appartenant à l'enharmonie renfermée dans le cadre de la gamme de do, on voit quelles étroites relations on peut établir, par l'enharmonie, entre les tons les plus éloignés les uns des autres.

172. Afin de rendre les intervalles de l'ordre enharmonique, faciles à saisir, on écrit ordinairement l'un de leurs termes au moyen de deux notes, la première qui appartient au ton que l'on quitte, fait avec la seconde, un intervalle de seconde enharmonique ; cette dernière note appartient au ton où l'on va.

EXEMPLE :   etc

PRATIQUE

N°81.
Leçons où, par l'enharmonie des *notes tonales*, on met en rapport les tons les plus éloignés les uns des autres.
N°82.
9: 37
=120
P
f
pp
f
N°83.
9: 38
=100
f ben marcato.

QUESTIONNAIRE. Quelles sont les deux manières de diviser une seconde majeure en deux demi-tons? (163) — Qu'est-ce que l'enharmonie? (164) — Quelles sont les gammes enharmoniques les unes des autres? (165) — Qu'est-ce qu'une seconde enharmonique? (166) — Quelle est la note la plus élevée de la seconde enharmonique? (166) — Si l'on écrivait des gammes enharmoniques comment devrait-on disposer les secondes enharmoniques en montant?.. en descendant? (166) — A quoi peut servir une gamme enharmonique? (167) — Qu'est-ce qu'un intervalle sur-augmenté?.. sous-diminué? (168) — Comment obtient-on un tableau des intervalles enharmoniques? (169) — Quels sont les intervalles diatoniques qu'on obtient par l'enharmonie? (170) — A quelles gammes appartiennent les intervalles diatoniques qu'on obtient dans la gamme enharmonique du ton de *do*? (171) — Comment écrit-on ordinairement les intervalles de l'ordre enharmonique? (172).

21ᵉ LEÇON

La Mesure à cinq temps

THÉORIE

173. Il y a une espèce de mesure qui se forme de la combinaison des mesures à deux et à trois temps. Cette mesure, qu'on nomme *mesure à cinq temps*, est d'un usage fort rare.

174. Les compositeurs qui ont employé la mesure à cinq temps l'ont écrite sous la forme *à cinq quatre*.

175. D'après le solfége du Conservatoire on devrait battre la mesure à cinq temps de cette manière

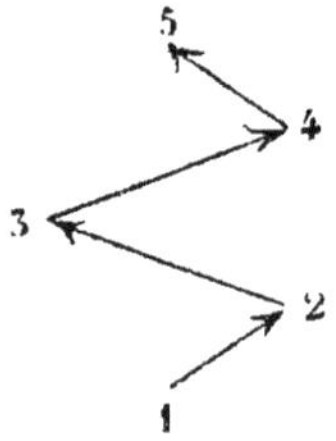

Ce procédé, d'une pratique difficile, peut être remplacé par le battement alternatif d'une mesure à deux temps et d'une mesure à trois temps.

176. Dans les morceaux à cinq temps les compositeurs indiquent généralement par des barres de points, la subdivision de la mesure, par trois et deux temps ou par deux et trois temps.

L'exercice pratique suivant offre un exemple de cette manière d'écrire la mesure à cinq temps.

QUESTIONNAIRE. Quelle est la mesure qui se forme de la combinaison des mesures à deux et à trois temps? (173) — Quelle est la forme employée jusqu'à ce jour par les compositeurs? (174) — Comment bat-on la mesure à cinq temps? (175)— Comment indique-t-on dans la musique écrite la manière de battre la mesure à cinq temps? (176)

FIN DE LA PREMIÈRE PARTIE.

SECONDE PARTIE.

Les Voix aiguës et les Voix graves. — La Clef de Fa.

THÉORIE

177. La voix humaine se divise en deux genres, savoir : les voix aiguës qui sont celles des femmes et des enfants, et les voix graves, qui sont celles des hommes. Il y a la même différence entre une voix de femme et une voix d'homme, qu'entre un son quelconque et son octave.

178. Chaque genre de voix se divise en trois espèces, savoir : l'*aiguë*, la *moyenne* et la *grave*.

179. La voix aiguë des femmes et des enfants qu'on nomme *soprano*, ou *premier dessus*, est une octave au-dessus de la voix aiguë des hommes, qu'on désigne sous le nom de *ténor*.

180. La voix moyenne des femmes et des enfants qu'on nomme *mezzo soprano* ou *deuxième dessus*, correspond au *baryton*, voix moyenne des hommes.

181. La voix grave des femmes et des enfants qu'on appelle *contralto*, correspond à la voix grave des hommes qui prend le nom de *basse* ou *basse-taille*.

182. Une voix ordinaire peut former de onze à douze sons ; cette étendue est particulière à chaque individu. La réunion des voix de femmes et des voix d'hommes forme une étendue de trois octaves ; c'est ce qu'on nomme *l'étendue générale des voix*.

183. L'étendue générale des voix depuis le son le plus grave des voix d'hommes jusqu'au son le plus aigu des voix de femmes peut être représenté sur une portée de onze lignes. La *clef de sol* marque la partie supérieure de cette portée ; un signe qu'on nomme *clef de fa* en marque la partie inférieure ; enfin, la partie intermédiaire est distinguée des autres par un signe qu'on nomme *clef de do*. On voit la figure de ces clefs à l'exemple ci-dessous qui représente la portée de onze lignes fractionnée en autant de portées de cinq lignes qu'il y a de manières de disposer les clefs.

EXEMPLE :

184. Les clefs ont donc deux fonctions puisqu'elles servent non-seulement à faire connaître la position d'une note d'après laquelle toutes les autres doivent être nommées, mais encore à déterminer la place qu'occupent les sons dans l'étendue générale des voix, comme un signe, une lettre par exemple, servirait à déterminer la place que devrait occuper, dans un édifice quelconque, des matériaux disséminés.

185. La *clef de sol* n'a qu'une seule position ; si elle n'est pas comprise à l'exemple précédent parmi les clefs qui servent à écrire les voix, c'est parce que, au temps où ce système de clef était en usage, la clef de sol qu'on posait alors sur la 1re ligne, ne servait qu'à écrire les instruments aigus, tels que le violon, la flûte, le hautbois, etc.

186. *La clef de do* a quatre positions : sur la 1re ligne, elle servait au soprano ; sur la 2e, au mezzo soprano ; sur la 3e, au contralto ; sur la 4e, au ténor. Quelle que soit sa position, la *clef de do* laisse la note qu'elle sert à nommer sur la même ligne de la portée générale. *Les do posés sur la ligne de la clef sont donc situés au même degré d'élévation.*

187. La *clef de fa* n'a que deux positions ; sur la 3e ligne, elle servait à écrire le baryton, la *clef de fa*, 4e ligne, servait à écrire la basse.

188. Aujourd'hui, on écrit toutes les espèces de voix de femmes et d'enfants ainsi que la voix aiguë des hommes sur la *clef de sol*. Le baryton s'écrit, de même que la basse, sur la *clef de fa*, 4e ligne.

189. Des notions qui précèdent et que ne doivent ignorer aucun de ceux qui apprennent la musique, nous ne retiendrons donc, pour la pratique, que ce qui a rapport à la *clef de fa* 4e ligne ; or, puisqu'avec cette clef, le *fa* se pose sur la 4e ligne, le *sol* qui suit immédiatement le *fa* se posera entre la 4e et la 5e ligne ; et ainsi de suite pour les notes supérieures au *fa*. Le *mi* qui précède le *fa* se posera immédiatement au-dessous ; et ainsi de suite pour les notes inférieures au *fa*.

EXEMPLE :

PRATIQUE

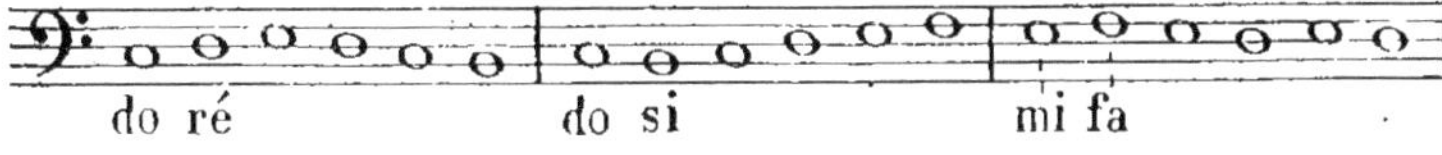

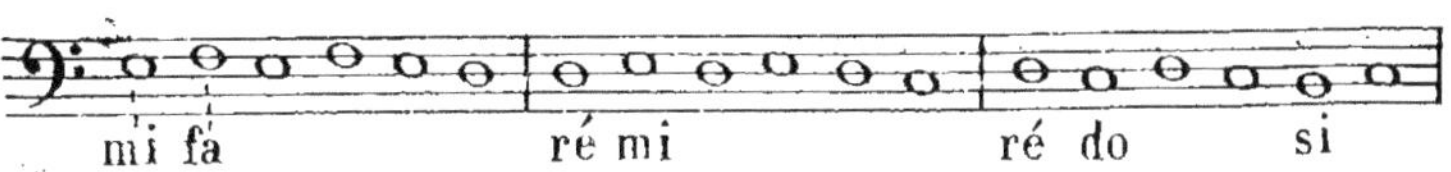

QUESTIONNAIRE. Combien y a-t-il de genres de voix? (177) — Quelle différence y a-t-il entre une voix de femme et une voix d'homme? (177) — En combien d'espèces se divise chacun des genres de voix? (178) — Qu'appelle-t-on *soprano* ou 1er *dessus*? (179) — Qu'appelle-t-on *ténor*? (179) — Quelle est la voix moyenne des femmes? (180) — Qu'est-ce que le *baryton*? (180) — Quelle est la voix grave des femmes? (181) — Quel nom donne-t-on à la voix grave des hommes? (181) — Combien une voix ordinaire peut-elle former de sons? (182) — Quelle est l'étendue générale des voix? (182) — Combien faudrait-il de lignes pour écrire l'étendue générale des voix? (183) — Quelle clef marque la partie supérieure de la portée de onze lignes?.. Quelle clef en marque la partie inférieure?.. La partie intermédiaire? (183) — Quelles sont les deux fonctions d'une clef quelconque? (184) — A quoi servait la clef de sol et sur quelle ligne la posait-on? (185) — A quoi servait la clef de do 1e ligne?.. 2e ligne?.. 3e ligne?.. 4e ligne? (186) — A quoi servait la clef de fa 3e ligne?.. 4e ligne? (187) — Quel usage fait-on aujourd'hui de la clef de sol, dans la musique vocale? (188) — Sur quelle clef écrit-on le baryton et la basse? (188) — Avec la clef de fa, 4e ligne, où se pose le fa? (189) etc. etc.

A
B
N.º 12.
27
%
♩=72
fin.
B
%
♩=100
N.º 13.
28
A
%
♩=80
N.º 14.
30
fin. même mouvt
3
4
%
N.º 15.
♩=80
32
A
B
N.º 16.
35

N.º 17.
36
p
f
p
f
p
f
N.º 18.
38
pp
ff
ff
pp
ff
pp
ff
pp
ff
pp
pp
N.º 19.
40
♩ = 80.
N.º 20.
46
♩ = 100.
mf
♩ = 104.
N.º 21.
47
p
f
rall:
p
f
pp
♩. = 80
N.º 22.
48
mf
p
8

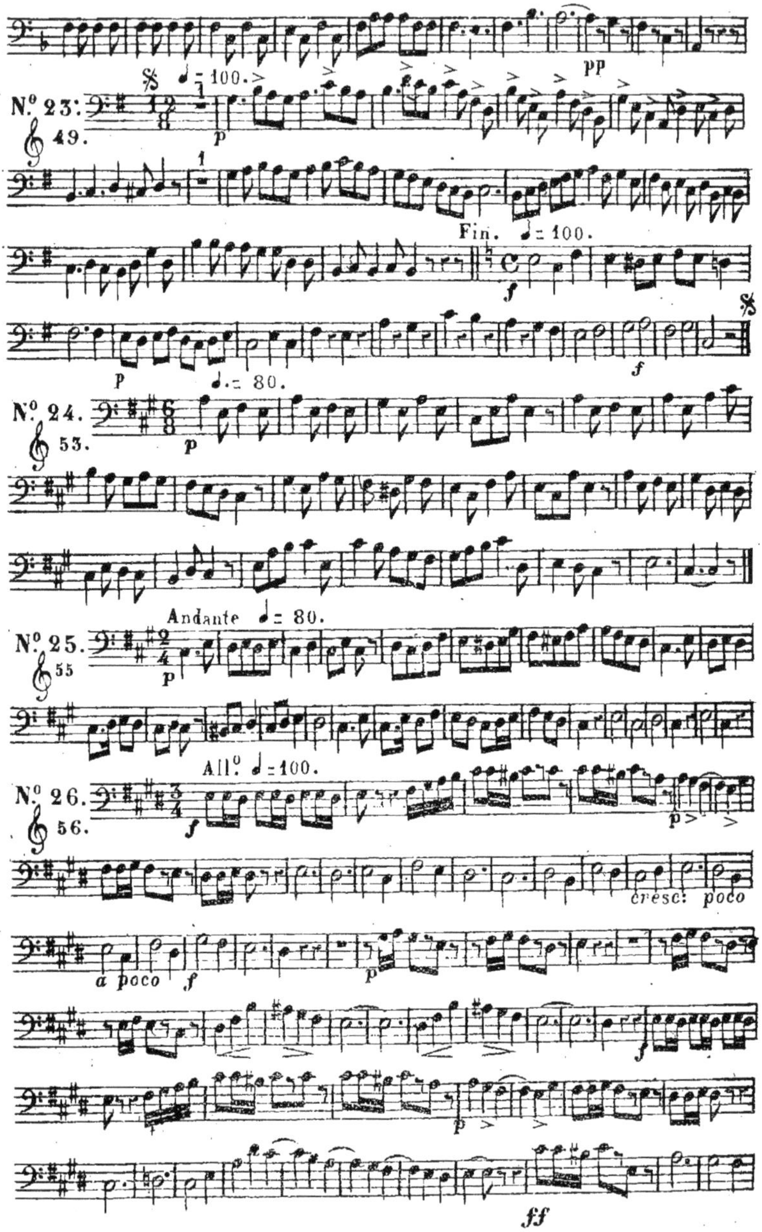

Nº 23. 49.
♩ = 100.
p
pp
Fin. ♩ = 100.
f
f
Nº 24. 53.
♩ = 80.
p
P
Andante ♩ = 80.
Nº 25. 55
p
Allº ♩ = 100.
Nº 26. 56.
f
p
cresc: poco
a poco f
p
ff

N.º 27.
♩.=120.
57
mf
f
p
A
rit:
N.º 28.
All.º
59
f
p
f
P
f
f
f
p
N.º 29.
♩=100
64
p
f
PP
N.º 30.
And.te
66
N.º 31.
♩=120
70
p
fin.
f

D C
Allʳᵗᵗᵒ
Nº 32.
71
m.f
p
ff pp ff pp ff p
Allᵒ
Nº 33.
72
p
f
p
f
fin.
D.C.
p
Allᵒ vivace.
Nº 34.
75
p stacato.
f p f p
f p f p
f
fin.
PP
D.C.
Nº 35.
77
♩ = 100
p

FIN DE LA SECONDE PARTIE.

APPENDICE

A

On doit maintenant, au commencement de la leçon, consacrer quelques instants à la solmisation au *tableau omnitonique*, un jour de toutes les gammes dièsées, un autre jour de toutes les gammes bémolisées.

Pour faire pratiquer cette *Etude journalière des gammes*, je donne ci-après deux modèles que le professeur saura par cœur en un instant.

Quoique dans ces modèles, l'armure de la clef indique le moment où la baguette doit passer d'une gamme dans une autre, j'ai cru, pour plus de clarté, devoir marquer par un *point d'orgue* sur une *ronde*, la note sur laquelle on devra s'arrêter avant d'opérer ce passage et, par une autre *ronde*, la note sur laquelle devra se poser la baguette dans la gamme suivante.

Lorsque l'on aura fait solfier, pendant quelques leçons, conformément aux *modèles*, on pourra :

1° Faire pratiquer sur la gamme qui aura été solfiée, tous les intervalles disjoints que l'on jugera convenable, mais pour finir, il sera bon, surtout dans les commencements, de revenir au *point d'orgue* et de conserver la formule qui sert à moduler que j'ai mise sous une liaison. Cette formule contient, comme on le verra, le tétracorde commun à la gamme que l'on quitte et à la gamme où l'on va.

2° On pourra interroger rapidement les élèves sur le ton où l'on est, l'élève sait que la gamme tire son nom de son 1er degré (44) il n'aura donc, pour faire une bonne réponse, qu'à regarder la note qui, dans l'échelle où l'on sera, est accompagnée du chiffre 1.

3° On fera voir, chemin faisant, que les dièses et les bémols, au fur et à mesure de leur entrée dans une gamme font partie des gammes suivantes.

Le *fa dièse* fait son entrée dans la gamme de *sol*, la ligne rouge qui sert à marquer les notes dièsées et sur laquelle est posé le *fa dièse* conserve sa couleur jusqu'à la fin des gammes dièsées : il en est de même pour chaque nouveau dièse.

Le *si bémol* fait son entrée dans la gamme de *fa*, la ligne bleue qui sert à marquer les notes bémolisées et sur laquelle est posé le *si bémol* conserve sa couleur jusqu'à la fin des gammes bémolisées : il en est de même pour chaque nouveau bémol.

Les élèves sauront cela en moins de temps qu'on n'en mettra à lire ce qui précède.

4° On fera remarquer le nom des notes dièsées écrit à la ligne supérieure du *Tableau* selon l'ordre de leur entrée successive dans les gammes, on fera faire la même remarque du côté des gammes bémolisées.

5° Etant arrivé dans une gamme quelconque on demandera quelle serait l'armure de cette gamme ; l'élève n'aura qu'à regarder le n° du dièse ou du bémol, au sommet de l'échelle où il aura été interrogé. La réponse est là.

Lorsqu'on arrivera aux leçons qui traitent de la génération des gammes et que nous avons cru devoir mettre plus loin afin de ne pas épouvanter ceux qui jugent un livre en l'ouvrant et qui auraient aperçu, dès le début, des solfèges fortement dièsés ou bémolisés ; on saura quel fruit excellent on peut recueillir des exercices dont nous conseillons ici l'usage.

B

Afin de donner aux élèves une idée exacte de la propriété appellative du
4ᵉ et du 7ᵉ degré on peut employer plusieurs moyens ; qu'on me permette
de dire celui auquel j'ai recours de préférence parce qu'il amuse les enfants
en mettant en éveil leur perspicacité musicale.

La théorie étant lue, les exemples au *tableau omnitonique* ayant été donnés,
je préviens mon jeune auditoire qu'il va avoir à finir *l'air* que je vais solfier ;
j'improvise alors une petite mélodie, dans un ton que je n'indique pas, et si je
veux faire sentir la propriété de la note sensible, je dirige mon improvisation
solfiée vers le 4ᵉ degré que je fais entendre avec insistance, puis je vais
rapidement au 7ᵉ et je m'arrête.... Les élèves, guidés par le sentiment si naturel
de la tonalité, montent à la tonique ; ils comprennent alors la propriété ascendante du 7ᵉ degré.

Si je veux faire comprendre la propriété du 4e, je procède d'une manière analogue en insistant cette fois sur la note sensible puis, j'arrive tout-à-coup sur le 4e degré... la suite ne se fait pas attendre. Voici quelques exemples de ces improvisations.

C

Il ne faut pas confondre le rhythme avec la mesure. La mesure règle le partage de la durée des sons en parties égales, qu'on nomme *temps* ; tandis que le rhythme qui résulte des diverses combinaisons de sons qui entrent dans le temps, règle, pour ainsi dire, *la forme* des mouvements de la voix dans le temps.

Ces mouvements peuvent être rapides dans une mesure lente, ils peuvent être lents dans une mesure vive.

EXEMPLE :

La mesure peut changer tandis que le rhythme peut rester le même.

EXEMPLE :

Le rhythme est binaire dans la mesure à *trois-quatre* tandis que la mesure est ternaire ; il est ternaire dans la mesure à *six-huit* tandis que la mesure est binaire. Enfin, dans le genre de musique qu'on nomme *plain-chant*, on ne fait aucun usage de la mesure, le plain-chant, certes, n'en a pas moins un rhythme, qui résulte, comme on le sait, de la prononciation des mots latins, selon les règles de l'*accentuation*.

Je termine en indiquant un moyen propre à faire facilement comprendre ce que l'on doit entendre, en musique, par le mot rhythme. Que le professeur frappe avec une baguette le ryhthme suivant, il n'aura pas terminé que ses élèves chanteront l'air.

Voilà donc, dira-t-on aux enfants, voilà ce qu'on nomme le rhythme, c'est ce qu'on peut reproduire d'un air quelconque, en battant du tambour, par exemple.

D

« Le *tableau omnitonique*, ai-je dit ailleurs, m'a permis d'élargir le cadre
» des études élémentaires en donnant aussi complètement que le permet
« la combinaison successive des sons musicaux, des notions théoriques et
« pratiques sur les différentes espèces de modulations et sur la manière de les
« opérer. »

Je dois donner ici la manière de faire pratiquer ces modulations au *tableau
omnitonique*, d'abord *aux cinq tons voisins* puis *aux tons éloignés*. Le professeur en pourra faire usage selon le temps qu'il aura à lui, ou selon le degré
d'attention et d'aptitude musicale de ses élèves. Après les avoir fait pratiquer,
il verra que le champ des combinaisons est infini et il s'instruira lui-même en
le parcourant à son gré.

Qu'on n'oublie pas que c'est PAR LA VUE que les idées abstraites de tonalité,
de modalité, de modulation, etc, etc, entrent et se gravent ici dans l'esprit.

MODULATION AUX CINQ TONS VOISINS.

Dans les modulations suivantes, les *rondes* indiquent les notes que le professeur devra toucher de sa baguette et que les élèves devront solfier pour
opérer la modulation ; ces notes, isolées entre deux barres, sont sous l'armure
du ton auquel elles appartiennent et le chiffre au-dessous de chacune d'elles
indique la fonction qu'elles remplissent dans les gammes par où l'on passe.

MODULATION AUX TONS ÉLOIGNÉS

Aux questions à adresser aux élèves en vue du *tableau omnitonique* et dont
j'ai parlé à la lettre A de cet *Appendice*, on doit ajouter maintenant celles qui
ont rapport au mode mineur : quel est le relatif de cette gamme? quelle est la
note sensible de ce mode mineur? etc. Le relatif mineur porte le chiffre 6. La
note sensible des modes mineurs est indiquée dans chacune des échelles du
tableau, commme je l'ai dit, par une pastille portant le chiffre 7. Les réponses
doivent donc être excellentes.

E

Dans le 2ᵉ volume de mon *Cours complet de musique vocale*, j'ai développé avec tout le soin possible ma théorie de la gamme chromatique, *résumé, d'un ton quelconque et de ses cinq tons voisins.* Je crois devoir répéter ici ce que j'ai dit touchant certaines altérations auxquelles j'ai donné le nom *d'altérations invariables* pour les distinguer de celles qui divisent en deux demi-tons les secondes majeures qui vont du 1ᵉʳ au 2ᵉ degré, du 2ᵉ au 3ᵉ et du 5ᵉ au 6ᵉ, et qui sont *variables* puisqu'elles se font en montant, par l'altération ascendante de leur terme inférieur et, en descendant, par l'altération descendante de leur terme supérieur, comme on l'a vu aux *exemples* de la leçon à laquelle se rapporte cette note.

Les altérations invariables sont celles qui affectent le 7ᵉ degré dans la gamme ascendante, et le 4ᵉ dans la gamme descendante. En effet, si en montant, on employait d'autres altérations que celles qui servent à moduler aux cinq tons voisins du mode majeur, et si l'on remplaçait le *si bémol*, altération descendante du 7ᵉ degré, par *la dièse*, altération ascendante du 6ᵉ, on enlèverait à la note sensible sa tendance vers la tonique en la faisant précéder d'une note remplissant elle même la fonction de *note sensible* d'un ton éloigné, le *si* (en supposant la gamme chromatique en *do*) le *si* donnerait l'idée du repos, il deviendrait tonique, on modulerait en *si*.

EXEMPLE :

En descendant, si l'on employait d'autres altérations que celles qui servent à moduler aux cinq tons voisins de *do* mineur et si l'on remplaçait le *fa dièse*, altération ascendante du 4ᵉ degré par *sol bémol*, altération descendante du 5ᵉ, on frapperait d'inertie le *fa*, 4ᵉ degré, en le faisant précéder d'une note remplissant elle-même la fonction de 4ᵉ degré, le *fa* donnerait alors l'idée d'un demi-repos tendant à aller vers la tonique *ré bémol*.

EXEMPLE :

Il résulte de ce qui précède, que dans toute combinaison de sons musicaux, soit diatonique soit chromatique, la propriété de la tonique ne peut passer aux sons qui tendent vers elle, car alors ces sons seraient eux-mêmes *sons de repos* et cesseraient d'avoir la tendance qui leur est propre ; donc, le *ton* ne cesse jamais d'exercer son action, la tonique ne perd jamais son caractère, c'est toujours à elle que tous les sons sont subordonnés, elle est toujours l'unique son de repos.

Les degrés des gammes diatoniques conservent donc dans les gammes chromatiques auxquelles elles servent de cadre, non-seulement leur ordre numérique, mais encore leur propriété.

FIN DE L'APPENDICE

TABLE.

CHANTS AVEC PAROLES.

FIN DE LA TABLE.

CATALOGUE DES OUVRAGES D'Alexandre LEMOINE.

Cours théorique et pratique de Musique vocale à l'usage des Écoles Normales, des Maisons d'éducation secondaire et des Écoles Primaires. Prix, cartonné.. 1 fr. 50 c.

Cours complet de Musique vocale. Quelques exemplaires seulement de la théorie du Cours supérieur (2ᵉ volume). Prix .... 2 fr. 50

Tableau omnitonique, carte murale à l'usage des Cours de solfége, sur grand papier de 1 mètre de haut sur 1 mètre 25 de large, collé sur toile et garni de rouleaux. Prix.............................. 15 fr. »

Le même tableau in-4° jésus, avec explication. Prix.............. 1 fr. 25 c.

12 Chansons d'enfants extraites du Cours théorique et pratique de Musique vocale. Prix.. » fr. 50 c.

Chants d'école, recueil de chœurs à deux et à trois voix, suivis de motets avec accompagnement d'orgue ou d'harmonium. Prix. 3 fr. »

Premiers éléments du plain-chant (*Théorie et Pratique*), extraits du Cours complet de Musique vocale, à l'usage des Séminaires et des Écoles Normales. Prix .... 1 fr. 25 c.

Cantiques faciles pour toutes les Fêtes de l'année, pour le mois de Marie, la fête de saint Joseph, de saint Louis de Gonzague, de sainte Cécile, pour le Catéchisme, les exercices d'une Retraite, la Communion, la Confirmation, etc., mis en musique *pour l'usage des maisons d'éducation,* et publiés avec approbation de Mgr l'Évêque de Blois, 2ᵉ édition. Prix ... 1 fr. 25 c.

Psalmodie en faux-bourdons, à trois voix, contenant le 1ᵉʳ, le 3ᵉ et le 5ᵉ psaume de vêpres, le *Magnificat* et le *Nunc dimittis* pour tous les dimanches et fêtes, selon les différents modes indiqués dans l'Antiphonier romain. Ces faux-bourdons sont disposés d'une manière nouvelle ; le texte de tous les versets est écrit en entier au-dessous de la musique. Les endroits où l'on doit respirer sont marqués par un signe, l'accentuation est soigneusement indiquée ; tout enfin a été prévu pour rendre impossibles les fautes auxquelles expose trop souvent l'inexpérience de la psalmodie. Prix.. 3 fr.

Musique religieuse. Messe en si bémol, pour soprano, contralto et baryton, avec accompagnement d'orgue. Prix : la partition, 3 fr. ; chaque partie séparée : 25 cent. — **Strophes en l'honneur de la Très-Sainte-Vierge** (très-facile). Prix : 30 cent. — **Tu es Petrus,** motet en chœur (très-facile). Prix : 30 cent. — **Beati mortui,** quatuor ou chœur pour voix d'hommes, avec accompagnement d'orgue. Prix : 50 cent. — **Litanies de la Sainte-Vierge** à deux chœurs et orgue. Prix : 25 cent.

Musique chorale. La Prière du Voyageur, chœur pour 1ᵉʳ et 2ᵉ dessus, ténor et basse. Prix : 1 fr. — **Venez à moi,** chœur à quatre voix d'hommes, composé pour les concerts de charité. Prix : la partition, 75 cent. ; chaque partie séparée, 20 cent. — **Le Carillon de Vendôme.** — **Le Chant des Orphéonistes.** — L'Aube. — Sorrente. — Chœurs faciles à trois voix égales. Prix de chaque chœur : 25 cent. ; parties séparées, chacune 10 cent.

Sur tous ces ouvrages : *Remise d'usage pour des nombres.*

Adresser les demandes à l'Auteur, à Orléans, rue Serpente, 9.

En envoyant un mandat sur la poste, les envois seront faits Franco.